心·路

鄧宛霞　藝術人生文集

鄧宛霞———著

中華書局

目錄

緣起

這本書源於一篇博士論文。

2008 年，我對閔福德教授說：「我想隨你讀一個碩士。」他道：「讀碩士幹什麼？要讀就讀博士。」我心中突然冒起一陣無名的興奮，「博士」，果然非同凡響，這可是我原來想也不敢想的！可隨即又問道：「我行嗎？」教授說：「你現在就能寫出來。」毫無懷疑的信任，加上「初生之犢」的好強和熱熾，我踏上了這個「征途」。

促使我大膽前行的另一股動力，是因為我覺得我們在面對西方藝術時，是充滿虔誠與謙遜的，也許是有足夠機會去深入了解的緣故。因此，中國出了很多鋼琴家、芭蕾舞蹈家、歌劇演唱家。反觀西方看中國的古典藝術，雖然也有為之傾倒的，但多半都只停留在一種對「異國風情」的欣賞，而鮮有真正了解其內在底蘊。我希望我的論文，能夠在兩種文化之間，起到一點點橋樑的作用。

2009 年我報名澳洲國立大學，開始兩年只作資料搜集、思考和醞釀。到了 2011 年，我清晰地記得，在香港中國戲曲節演完《大英傑烈》後，我開始動筆寫第一個字……四年半的光陰，不知經歷了多少艱辛、徬徨與不眠之夜。最後，我以業餘時間，完成了博士論文——

The Aesthetics of Chinese Classical Theatre - A Performer's View

（《從表演者角度看中國戲曲美學》）

並得到考官四頁紙的高度讚譽（「傑出的論著」、「非純學者所能為之」、「閃耀着學者－藝術家的光芒」……）。

2016 年 12 月，我在澳洲國立大學參加了畢業典禮，獲得了哲學博士學位。

這對我來說確實是一個里程碑。書寫有關藝術的內容雖並不陌生，但最吸引我、而我又最想探討的，卻是藝術背後的文化支撐。是什麼樣的一種宇宙觀，使得像戲曲、詩詞、書法、武術、中醫等等這些獨一無二的形態能夠在中國產生？她們都是同源的，這個「源」又是甚麼？

季羨林先生曾說過：「詩不一定要求懂。詩的詞藻和韻律美直接訴諸人的靈魂。」京崑的程式、氣韻，書法的一點一捺，就有「直接訴諸人的靈魂」的力量。孩提時代，對藝術還處於「不知」、「不懂」的狀態下，我聽到鑼鼓就會莫名的興奮，提筆寫字就能恬靜安寧。中國傳統文化到底隱藏着什麼樣的奧秘，能達致這樣微妙的效果？古代文明的真正精華到底何在？

這些課題，雖然並非因為寫論文才去探索，而是我一直都在追尋的。但是，朦朦朧朧地感覺到，與明明白白地落到文字上，還是有極大的一段距離。這要求比平常深入百倍的思考、觀照、推敲與整理。因此，與其說寫博士論文是一種外在成就，不如說是我個人對藝術和人生一次最好的反思與提升。

有不少朋友對我說，希望看到論文的中文版。感謝中華書局委約我出這本書，可以將其內容有所呈現。但他們也有個條件，就是要把我自己的故事加進去。我從來沒有過這個打算，因此也不曾系統地留過什麼資料，而且自己寫自己是非常困難的，現在唯有嘗試將以往的一些生活點滴、思緒感想，姑且回憶記錄下來，也算是交了功課了。至於論文篇章，我也不打算當翻譯來做，而是將之打碎、濃縮，並只取其中一些美學觀點及精要部分。

　　再一次的撰寫機會，等於再一次的學習與提升，我期待着。

　　寫我自己，雖勉為其難，但也許，從那心路與筆觸，你會看到一個與你想像完全不一樣、但更加真實的我。

▲ 博士論文
The Aesthetics of Chinese Classical Theatre
- A Performer's View

▲ 2016 年澳洲國立大學畢業典禮

緣起

Preface

It is all too rare that we possess first-hand and enlightening testimony from any of the great practitioners of the performing arts, in any of the world's great cultures. Such artists are usually much too busy performing, much too bound up in the mysteries of their living art to have the time or inclination to put down in words on the page a record of how they arrived at mastery of their art. We are therefore doubly fortunate to have this extraordinary account by one of the leading performers of the ancient and wonderful art of the Chinese Musical Theatre.

For many years I had the privilege and pleasure of following Yuen Ha as she sought to conjure up in carefully chosen words the stages of her personal journey, memories of her famous and highly demanding teachers, the rigours of her own arduous self-cultivation, the growth of her inner philosophy. She distilled subtle lessons from the remembered moments when she was on stage, totally rapt in the magic of words, melody and rhythm, totally at one with her spell-bound audience. She sought to capture the precious moments, in the byways of her ancient culture, when she went in search of the ancestral secret handed down through the ages, from master to disciple. She strove to articulate the essence of that transcendental art whose foundation has always lain hidden in the ineffable, irreducible mystery called the Tao.

Those years, during which we became close friends, were in a sense devoted to the completion of her masterly doctoral dissertation, written in English (forerunner of this book). Perhaps it was this rather forbidding scholarly framework that allowed this driven, obsessed artist to take a little time out from the demands of the stage, in order to put the story of her personal evolution into a wider perspective. I consider it one of the few blessings of my academic life that I was able to provide her with this framework. It was a long and gruelling process, from which I myself learned a great deal, not just about the theatre, but about art and life. The same scope, the same lessons, are now contained in this wonderful new book.

The drastic nature of the past few years, during which the world of performance has been so restricted and curtailed, in Hong Kong and throughout the world, has also been part of her destiny, of this book's destiny. That world crisis has enabled this great Diva to reflect once more, this time in the Chinese language, in the seclusion of her personal studio, between her hours of private calligraphic practice, on the fundamentals that have guided her on her long journey, to reflect on her family history, on her artistic pilgrimage between East and West. This book is a classic to put in the hands of all who love art, of all who wish to deepen their understanding of the great art of the Chinese lyric theatre, of all who wish to find inspiration in the true story of a great artist.

John Minford

序（譯文）

　　在世界上任何一種偉大文化中，若能從他們偉大的表演藝術家身上，直接取得具啟示性、且是親身印證的第一手資料，那實在是太稀罕了。因為這些藝術家通常都忙於演出，或完全沉浸在藝術的妙曼當中，以致於不會有時間或意欲，以白紙黑字的形式，寫下他們攀登藝術高峰的種種。因此，面對這樣一份充滿着非凡經歷、出自一位頂尖中國戲曲表演者手筆的文集，我們實應倍感珍惜與幸運。

　　多年來，我十分欣喜與慶幸能在宛霞的左右，目睹她嘗試以精煉的語言，寫下她成長的各個階段、對名師嚴教的緬懷、對自我不懈的修為，乃至其內在悟性的成長。不管是在台上，當她完全沉醉於文詞、歌調與韻律之中，與着迷的觀眾心心交融時；還是在追尋古老文化、於師徒授受的傳法間，她總會捕捉到一些令她靈光一閃的片刻。她嘗試表達出這超凡藝術的神髓，她看到這藝術的背後，隱匿着那無法言喻、最本源的「道」。

　　那些年，我們成了很親近的朋友，期間我們主要致力於完成她那精湛的英語博士論文（本書的前身）。也許正是這種讓人望而生畏、極度嚴謹的學術項目，能使這位癡迷表演、永不停步的藝術家從台上挪出一點時間，以一個更廣闊的角度

去看待她自己成長的故事。能夠把她引進到這樣的一個寫作歷程，我認為是我學術生涯中寥寥的幾個上天恩賜之一。這是一個漫長而艱辛的過程，從中我學到了許多，不只是關於戲劇，還有藝術與人生。同樣的範疇，同樣的教益，現在都呈現在這本精彩的新書中。

　　過去幾年，因疫情肆虐，致使香港及世界各地的表演藝術受到嚴重限制與削減。而這或許恰好是宛霞的「命中註定」、這本書的「命中註定」。世界性的危難，讓這位「名角」可以再一次反思。這回以她自己的語言，隱蔽於自身的書齋裏、在書法揮毫的閒暇間，再次反省那些一直指引她前行的基礎價值。當中，她還回顧了家庭脈絡，以及她一直徜徉其中的中西文化之旅。對於所有熱愛藝術者，對於期盼深化了解中國戲曲的人們，又或希望從一位藝術大家的真實故事裏獲得靈感與啟發的朋友們，這本書將會是一部典範之作。

閔福德

上
篇

引子

　　一生對我影響最大的兩個人，應該是我的爸爸媽媽，無論在為人或事業上。

▲　父母結婚照

爸爸光明樂觀，世界上沒有不行的事。任何場合，他仿佛都是主導和中心人物。我某種程度上繼承了他的辦事能力、自信和好運。小至總能在街上或停車場裏碰到最佳停車位，大至在 1997 年獲得黃金演出檔期卻是一分錢都沒有的情況下，找到世界名牌 Hermès 獨家贊助回歸演出。好運其實來自信心與對生活的態度。

媽媽天生麗質，品學兼優，酷愛文學藝術。因為自己的強勢，對女兒自是從骨髓裏要求嚴格。記得我小時候學習不錯，一直名列前茅。偶然一次考了第二名，媽媽雖還沒來得及說什麼，自己已覺「罪該萬死」，下學期發奮把第一考回來。姐姐得了班級英文演講冠軍，回來報喜，也許媽媽認為女兒還有進步空間，說了一句：「你們班級的同學水準太差了。」是的，感覺有時候像泰山壓頂、喘不過氣。

但是，正是他們，或者說他們互補的教育，塑造了今天的我。以下的文字，記錄了一些湧上我腦海的片段，反映一些側面。寫的時候，也勾起了我對他們濃濃的思念。

非一般的爸爸

爸爸不是一個普通的爸爸。

他沒有叫你好好唸書，畢業找一份穩定高薪的工作。

記得姐姐中學畢業前，正躊躇升大學還是繼續摯愛的舞蹈。適逢一個刮颱風的日子，她向難得呆在家裏的父親請教。爸爸考慮了一下：「還是先跳舞吧，萬一想改變還來得及；若先讀書，之後還是想跳舞，恐怕就來不及了。」

一錘定音，芭蕾從此成了姐姐的終身事業。

▲ 我的父親鄧錫智

爸爸不是一個傳統的爸爸。

十號風球他領我到海邊的高處，用手摟着我，在確保安全的情況下，讓我欣賞狂濤拍岸，風聲呼嘯⋯⋯

恐怕只有三、四歲，爸爸天天下班帶着我們全家到西貢出海。有一次他讓我穿上圓圓的「水泡」（救生圈），從頗高的船頭上把我扔進海裏，至今我還記得從深處往上升時面前的一幅水柱。怕不怕？有點兒。但升上水面時他的歡呼與鼓勵，霎時蓋過了那一絲絲的膽怯。

等學會了游泳，爸爸帶我去「大浪灣」，我們二人朝着那迎頭巨浪飛身插進，然後任由海浪將我們疾沖回岸邊。這樣一次又一次，玩着那自創的遊戲，享受着被波浪裹着飛舞的快感⋯⋯雖然去的次數不多，但我記憶猶新。我想，孩童之樂，莫過於此。

後來，游泳成了我最擅長的運動之一，到了十二、三歲，我游了「渡海泳」（從九龍游到香港的比賽）。

爸爸是熱血男兒。

抗日時不願意躲進防空洞，卻要去看轟炸。命大的他恨透敵軍，立志要當兵。一位長輩朋友跟他說，你這樣只是「一命搏一命」，不如學造飛機。爸爸在美留學時，報讀的正是「飛機工程」。雖然這並非他以後的職業，卻是他一腔熱血的初心。

周恩來總理早年接見一批港澳商人，爸爸是其中之一。他驚嘆於總理做事之縝密，「功課」做的是如此充足。譬如說，對在座每一個人的學歷背景均爛熟於胸，包括對他這樣一個年輕的無名小輩。他深深被總理的個人氣質與風範所傾倒。

▲ 年輕時的爸爸

然而，面對這樣一個人物，他依然毫不諱言：「總理，我是不能夠在這個制度下生活的，但我想為國家效力，我該幹什麼？」總理說了兩個字：「外貿。」就在這之後的某一年，爸爸毅然放棄了大有可為的地產行業，不顧同行對他「愚蠢行徑」的嘲笑，隻身赴意大利打開貿易市場。一切從零開始，沒有任何的業務和人際關係。他認識的第一個人，就是他跳上第一部出租車的司機 Pietro。從這天始，Pietro 載着父親在這片既不懂語言又極度陌生的國度裏南征北戰。Pietro 精通外語的女兒 Anna-Maria，後來加入戰隊充當重要場合的翻譯。就這樣，爸爸憑着他的智慧，出色的辦事能力與過人的魅力，在異鄉開出了一片天地。

兩件溫情小事

家裏養了雞，日久總會生情，特別是親眼看着牠們從小長大。一天，飯桌上擺放着雞湯，母雞卻不見了，姐姐頓時嚎啕大哭。爸爸見狀，這雞湯誰也不動了，為安撫女兒，還

▲ 我和姐姐照看小雞

親手製作了一個小木盒，翌日與姐姐一起，到山上把雞兒埋葬了。

爸爸愛打獵。一天姐姐隨他去，眼看一隻鳥就地身亡。回家的當晚，姐姐拿着玻璃酒杯，無意中愣把那杯子的細長腿給掰斷了。事後爸爸對媽媽説，肯定是女兒的心中不忍、不安。從此，爸爸再也沒有打獵。

雨衣的故事

在美留學時，生活艱辛，好不容易攢錢買了一件新雨衣，未幾，讓人家偷去了。媽媽肯定頓足，爸爸卻説：「或者那個人比我更需要它吧。幹嘛不開心呀，已經失去了，再不開心，豈非變成 a double loss（雙重損失）？」

頑皮不羈

在大學裏，爸爸曾經當上學生會會長。在那個年頭，在美國，一個華人能選上會長，確實非同小可。除了他的確有能力之外，他也真用了「一招」。（這似乎是電影裏才會有的事情！）

他到大學裏的女生聯誼會（sorority）拉票，為了加強印象，他送給女生一條從中國帶去的便宜項鏈，說道：「這可是我祖母的家傳之寶。」

投票日，他成功當選，眾女此刻卻發現，自己的那條項鏈，絕非唯一。

風趣幽默

媽媽有着非常勤儉的作風，與爸爸相反，她什麼都捨不得花、捨不得用。

有一次在餐廳，媽媽突然對着只剩一點的可樂發愁。爸爸一看，不緊不慢地說：「25 cents（兩毛五）。」當時一瓶可樂大概是一塊錢，爸爸一語道破了她既喝不下又怕浪費的「隱情」。心底秘密被看穿，難得開懷的她，這回也忍俊不禁了。

讓子女見識世界

我 8 歲那年，趁姐姐還在國外留學，爸爸決定全家去看望她，並順道帶我們旅遊歐洲。當時沒有直航機，我記得從香港到倫敦，中間須停曼谷、孟買、土耳其等站。我把整個

旅途記得非常清楚，我們先到倫敦，再到巴黎、羅馬、瑞士盧加諾、維也納和哥本哈根。在巴黎，爸爸帶我們到 Lido de Paris 觀看了著名的歌舞表演。本來小孩是不讓進的，爸爸總有辦法，我不只進去了，還坐在第一排。節目最後完結時，那些高大的美女還向我扔了一個汽球……

後來我知道，爸爸差不多用了他所有積蓄來組織這次旅行。他就是這般，享受生活，從不吝嗇，因為他知道他有能力掙回來。而我們，因為從小見識了世界，故對什麼都更容易達到平常心，最終，也就更能珍惜自己的文化。

「我不掛帥誰掛帥」與最後的日子

1999 年，爸爸因病入院，我從外地趕回來。甫抵達醫院，我看到了從未見過的鬍鬚呲啦與憔悴的模樣，與平常那總是意氣風發的他有着天壤之別。我心裏咯噔一下。

爸爸在他最軟弱低沉的時候，反過來微笑鼓勵我（也許也在鼓勵他自己），拉着我的手說：「我不掛帥誰掛帥。」這是他唯一熟悉的、我的京劇唱詞啊！他選擇了此時此刻跟我說。我立時明白，不管發生什麼事情，不管他承受着什麼樣的痛苦，他永遠不會讓自己在精神上被打倒。

病中，爸爸睡眠不好。有一天，他說做了一個夢，菩薩與他聊天，並教他如何入睡，是以他睡了很香的一覺。他知道我也睡不好，想把這「技巧」教給我，但恐怕是只能意會的事，他沒說清楚，我也沒聽明白。又有一天，他說夢見一個牌坊，上寫着「色即是空」四字。牌坊上有一些照片，包括他自己的。要知道，爸爸不是任何教徒，也從不曾講像上

述那些內容（除了他常說他心中有自己的神）。我當時的感覺，是爸爸可能不久將離去了。但同時，我心裏也踏實了、放心了，我深信，在另一個國度裏，他會得到很好的照顧。也許，他本身就是一個菩薩下凡？

爸爸搬回家中養病，我去看他，他展露一貫的笑容：「你相信奇跡嗎？」我點頭。

雖然表面上奇跡並沒有發生，但我知道，他不但過了非常快樂有意義的一生，他的旅程將更加精彩⋯⋯而且，一年多後，他是親自來接媽媽走的。

神奇的電話

2001 年 3 月，我本在內地排《神鵰俠侶》，知道媽媽身體不好，抽出一個週末回港看望，結果陪伴她走完了最後一程。一個多月後，我在翻查手機，突然看見一個「未接來電」，顯示是從我爸爸房間打出去的。怎麼可能？我感到奇怪，趕緊看日子，上面赫然寫着媽媽離去的日子和時間！那

▲ 爸爸和媽媽合照

是早上 7 點多呀，我一個週末都睡在爸爸房間，這個電話從來沒人用過，而我自己的手機也從來沒響過。況且時隔一個多月，現在才有顯示？我突然靈光一閃，是爸爸告訴我，他是親自來接媽媽的，怪不得媽媽走得如此安詳。這一生，爸爸從來都是先打點好一切，看來，在天堂亦然！

永遠的榜樣

在我眼中，爸爸還有很多優點。譬如從不求回報。他幫過不少人，但從未聽他提起，倒是事後從別人口中才得知。他不只不求回報，而是把整件事情都忘了。

他是我見過最慷慨的男子，即使在窮困的時候。

他生活低調，從不熱衷名利。他有極好的眼光，穿着具品味，但不用名牌。他曾驕傲地說：「我何必替它賣廣告。」

他胸襟廣闊，從不論人非，甚至拒絕聽任何「小報告」。

他是生活上的藝術家，懂得享受生命，永遠看到人生美好的一面。天大的事情，未聽他抱怨過半句，只默默靜思，尋

▲ 爸爸最愛大海與風浪

求對策。每有些微轉折，總是充滿熱情地說：「壞事變好事！」

他的帆船，命名 Silver Lining（取自英文諺語「Every cloud has a silver lining.」──每片雲皆有一線銀邊），比喻再不幸的事情也會有一線希望。

他曾幽默地對我說：「你有這樣的爸爸，老公難找了！」

爸爸對我的影響是深遠的。樂觀積極，鍥而不捨，永不放棄，是他對我的言傳身教。

因為他的榜樣，日後不管多大的挫折和困難，我最終都能走出陰霾，尋回美麗的人生。

非一般的媽媽

　　媽媽是上海聖約翰大學第一位女畢業生，她讀遍名校：燕京大學、美國柏克萊大學、密西根大學，還是拿獎學金的全優生。

　　她是歷史碩士，後讀醫科，就在還有九個月就畢業的時刻，她選擇了婚姻。畢竟，醫學並非她的志願，也許只是戰爭時期救死扶傷的初衷。她真正心儀的是文學、藝術、語言。爸爸與媽媽在事業上是很好的配搭，爸爸擅衝鋒陷陣，媽媽是好後盾，並負責所有中英文書信。媽媽的英文是中學就打下的基礎：每個禮拜要看一本書和寫讀書筆記。她跟我說要語文進步唯一方法是多看書。讀大學時，別人稱她「walking dictionary」（活字典），在家裏，爸爸奉她為「大文豪」。

◀ 我的母親岑德美

同窗好友

　　媽媽的同窗，甚多出類拔萃者。比如她的摯友龔澎。這位以媽媽最挑剔眼光看依然是「完人」的女性，高挑、美麗、胸有大志，思維縝密、中英文俱佳，是中國第一代女外交家；也是清華才子、中國恢復聯合國席位時率團赴美的喬冠華的妻子。可惜我長大後與她緣慳一面（據說她見過襁褓中的我），反倒是認識她的姐姐和兒子。

　　再有就是被譽為「中國第一玩家」的王世襄。這位「奇士」任何東西都可以寫成一本書：蟋蟀、葫蘆、鴿子……我媽說：「這人怪得不得了，只見他身穿大褂，肩上站着老鷹，手拉一隻猴，卻是滿嘴英文。」（王伯伯小時候就讀北京美國學校。）他癡迷鴿子，曾試過一連數週的小學英文作文，篇篇言鴿。「老師怒而擲還作業，叱曰：『汝今後再不換題目，不論寫得好壞，一律給 P！（Poor ─ 劣）』」（王世襄自選集《錦灰堆》）

　　這位舉世聞名的明式家具專家、精通古音樂文學詩詞的奇人有句名言：「一個人如連玩都玩不好，還可能把工作幹好嗎？」把別人玩物喪志的東西上升成高深有趣的學問，就是他「奇」的地方。

　　我有幸跟這位伯伯比較熟，他也是烹調美食家，每次媽媽到北京，他總會親自下廚，帶着幾味小菜到酒店去看我們，簡單如菠菜，那叫美味。王伯伯還去看我演戲，送我他看完演出後親書的詩作；他還給我好多他的著作，和他親手做的一個極為精緻的鳥籠……

家庭背景

媽媽不大愛打扮，也不太講究衣着，但自帶一種貴氣。她說，不管穿得多不起眼，卻從來沒有人敢對她怠慢。即便在國外窮困時，人家也只會覺得她是「落難公主」。這，相信與她的學識和出身有關。

媽媽來自顯赫家庭，她的祖父岑毓英，先後任清代雲貴總督與兵部尚書；父親岑春煊是兩廣總督，因為八國聯軍佔領北京時慈禧與光緒出逃，他率部勤王護駕，故深得慈禧愛戴，被封為「太子太保」。我聽母親說：「你外公與袁世凱是

▲ 圖為香港百年紀念會上展出的兩廣總督岑春煊與第 12 任港督卜力爵士合照。岑春煊個性甚強，言出必行。到任兩廣總督後，即嚴懲貪污分子，粵政一時為之澄清。岑面對洋人態度強硬，有英國史書稱之為 Tiger Mandarin（滿洲之虎）。（摘自《岑春煊文集》）
（香港歷史博物館藏品，香港特別行政區政府准予複製）

死對頭，世稱『南岑北袁』。」歷史上，岑春煊還與張之洞、袁世凱並列為「三屠」。（張之洞「屠財」，袁世凱「屠人」，岑春煊「屠官」──即「每任長官時皆大批劾罷貪庸之官而毫無情面可言」。（《岑春煊文集》））民國時期，外祖父曾任護法軍政府主席總裁，該職位後由孫文繼任。

　　母親家裏規矩非常大，輩份分明。我的七舅，只比她小一歲，吃飯時要是媽媽未動筷子，他絕不敢先動。媽媽的一個侄兒去看我奶奶，他溫文爾雅，畢恭畢敬，全程站立。在高兩輩的長輩面前，焉有坐的位置？這種出自內心的尊重和禮節，給老人留下了極為深刻的印象。在我母跟前（其實他們相差不過七、八歲），他也是永遠的彬彬有禮，笑容可掬。當時受了點西方教育的我，甚至覺得他是否過於拘泥禮數了，及至現在，方知這種美德再也難覓。這位「侄兒」是誰？他就是越劇《紅樓夢》（徐玉蘭、王文娟主演）、京劇《群英會》《借東風》（蕭長華、馬連良、葉盛蘭等主演）和《阿Q正傳》的導演岑范，也是夏夢當年的熱戀情人。

　　在我們自己家，也是管教甚嚴的。父母師長前沒有坐着的道理；去父母家吃飯不允許遲到；任何時候不得竊竊私語，不得瘋瘋癲癲無狀，不能與男友當眾有任何親熱行為，否則顯得沒有教養（說一句題外話：我十分奇怪看到一些民國時期的電視劇，男女主角可以當街擁抱，而且立在顯眼的高處，這位導演應該先去聽聽我媽的訓話）；與家人或一群朋友在一起，不能只跟某個人談只有你們自己知道的話題，使得別人尷尬……這些教育，可惜現今已不復多見了。

京劇至愛

　　因為長於官宦之家，見過不少紈絝子弟，媽媽從來都是重才華不重出身；重品貌不重財富。她珍惜的朋友當中，沒有一個是富家子弟，他們要麼就是在自己領域中有傑出成就並對國家有所貢獻，而為數更多的，是出類拔萃的戲曲藝術家。

　　也許正如湯顯祖所說：「禪在根塵之外，遊在伶黨之中」，藝人比起很多其他行業的人士，往往又多出幾分靈巧與調皮，清新與睿智。耳濡目染，我從小景仰的對象，便是京崑藝術大師。

　　媽媽才貌出眾，系出名門，追求者無數。然她自嘲曰：「唯一讓我無法徹底驕傲起來的，就是戲沒唱好！」媽媽的至愛是京劇，她認為世界上最難達到、要求最全面的，就是京崑藝術。也許有意無意間，她在讓我完成其未竟之志？

▲　年輕時的媽媽

早在兩歲左右，家裏就有一位老師天天來教母親唱戲，我們稱他鄒師父。鄒師父也是個奇人，琴棋書畫皆通。他精研象棋，有時為了思考奕法，他會把棋局放在蚊帳頂上，徹夜看着、琢磨着。我的象棋，還是承他開的蒙，雖然水平一般，卻也贏過不少男生。

　　鄒師父以教戲為生，他胡琴拉得棒，大小嗓均能。他只鑽研文藝，其他一概不費腦子。有一次他上我們家不知怎地走丟了（也許上錯了車），與其下來問路、轉車，那他是寧可回到自己住處重新走一趟的。幸好師父有一位全能的師母，把他的衣食住行管得井井有條。

　　媽媽學的戲各派皆有，《生死恨》、《西施》、《賀后罵殿》、《紅娘》等等，又以梅、荀的為多。她比較喜歡荀派，特別像後期童芷苓的《尤三姐》，更是被那文詞唱腔表演所吸引。因為欽佩她的藝術，二人後來成了朋友。但她的喜好不限於旦角，她還特別愛看麒麟童和蓋叫天。

　　每天除了唱戲吊嗓，家裏聽的錄音帶也全是京劇。媽媽從電台裏錄下好多資料，馬連良、裴盛戎、張君秋……各個行當的大戲小戲應有盡有，儼然一個京劇音頻資料庫。如此天天耳濡目染，我對京劇的旋律及走向已然非常熟悉。媽媽以前總埋怨自己嗓音不夠響亮，我幼稚地說我來幫腔。那時雖然完全不明所以，但我基本上能跟着哼唱下來而不出錯。

　　我家以前住在「荔園」的上面，這是當年一個很有名的遊樂場。內有動物園（我在家裏能聽到大象和老虎的叫聲），有各種帶獎賞的遊戲攤位（譬如將「一毫子」硬幣扔向一堆白色方塊小瓷磚，如果落在「階磚」中間不「出界」，就可以獎一排「白箭牌香口膠」），有歌廳（梅艷芳小時候唱歌的地

方）和各種劇場，當然也少不了京劇場子。那可是天天上演的，「元家班」（成龍、洪金寶坐科的科班）就是常駐演出班社之一。

遇上媽媽喜歡的劇目，她會帶我去看。說也奇怪，我非常享受那種自由輕鬆的氣氛，叫好聲此起彼落，而且我一聽到鑼鼓就莫名的振奮起來。

遇上國內有京劇團來港，那是一場都不會落掉的。當年馬、譚、張、裘訪港，我印象最深的是裘盛戎，《坐寨盜馬》、《姚期》如今還歷歷在目。還有就是角兒出場那種震懾人心的氣場。自此我明白，一個演員好不好看，只一「出場」便能知究竟。

讓我練功

我小時候多病，哮喘感冒發燒，特效藥吃個不停。為了讓女兒鍛煉體質，當然也出於對京劇的鍾情，媽媽送我去練功。

那應該是小學一年級的時候，每天放學，我便到尖沙咀赫德道的「春秋戲劇學校」，隨粉菊花師父學藝。（這是當年香港的另一個科班，有很多電影演員或準備入行的孩子在那裏學身段和基本功。我記得媽媽說練功要練，但不會讓我走這條路。她認為在心智未成熟時過早掉進名利圈，恐怕日後精神上要吃苦。因此，功要好好練，書要好好讀。）

在粉師父處，壓腿、踢腿、飛腳、掃堂、朝天蹬三起三落⋯⋯是上課的主要內容。後來媽媽還請來祁彩芬老師（曾經跟蓋叫天搭檔的一位男武旦）和元家班的一位師父，在家裏教我毯子功。那是從拿頂到小翻都是練過的，只是我並非

▲ 童年時練功

翻筋斗的料，像小翻這類高難度動作，離開老師的保護我是走不了的。

記憶當中，從一年級到四年級，我在學校都會表演京劇老師教我的東西，如舞劍舞綢子、耍棍之類。這些年，雖然沒怎麼學戲，倒是為形體的靈活和協調方面，打下了不錯的基礎。

癡迷電影

媽媽除了喜歡唱戲，最大的娛樂就是看電影。她喜歡沉醉在另一個世界裏，這點我跟她很像。

我們喜愛的電影類型也相似，喜歡感人的劇情片，不愛看戰爭片。（說實話我連誰跟誰打都沒弄明白！）

不愛看武俠小說改編的。不是當時電影科技不夠好，縱然再好，也比不過我們的想像。

科幻的一般，總覺得太冷，缺人味、人情味。除了《E.T.》，那是極品（詳見〈電影至愛：E.T.〉）。

至於卡通（動畫）片，小時候媽媽帶我去看《小蝌蚪找媽媽》、《大鬧天宮》、《小鯉魚跳龍門》。她說迪士尼總是惡作劇，別人倒楣自己開心。於是我發奇想：全世界都有「迪士尼樂園」，個個家長都覺得那是孩子玩樂的天地，我們的《西遊記》內容和形象那麼豐富，怎麼就不能有一個「西遊記樂園」呢？

啊，還有一樣我們共同的嗜好：鬼片！只要有鬼片，我們基本上是來者不拒，可惜多半失望而歸。理由是：「不夠害怕！」媽媽喜歡那種有些「意境」的，像《聊齋》、《四谷怪談》之類，不喜歡畫面醜陋噁心，嫌其低俗幼稚。電視裏倒有一些不錯的驚慄節目，如《希治閣片集》、《迷離境界》、《畫廊夜話》（每次借着介紹三到四幅畫，引出匪夷所思的故事）。這些都是我們愛看的，但有時看完，我連走過去關電視都有些害怕（當時沒有遙控）……

一生的影響

藝術的世界，是媽媽把我帶進來的，還有那對於文和藝的鑒賞能力。

如果說爸爸給了我豁達的心胸、不認輸的性格與不可磨滅的家國情懷，媽媽的喜好，從小對我的引領，則奠定了我一生的追求。雖然，她那完美主義和只愛批評不愛表揚，使我覺得永遠有攀不完的高峰，甚至信心盡失。最沮喪的時候，我甚至希望媽媽只是一個戴着老花眼鏡、坐在小板凳上縫衣

服的白髮老太太⋯⋯

　　當然這離她的形象甚遠。也許正因為媽媽非比尋常的要求，永不滿足的性格，使我一直鞭策着自己，不敢懈怠。因為她的影響，我一輩子沒有離開過藝術，我的生命，因此而富足。

▲　父親鏡頭下的媽媽

Tomboy 假小子

　　有人以為我弱不禁風，從小被寵為公主，個個對我呵護有加。

　　大錯特錯！首先，這不是那個時代養育孩子的辦法。

　　爸爸那裏且不論，你想對所遇的困難略有抱怨，他只會跟你說「釘子碰得越多越好！」甚至連他的助手 Pietro 也曾經對我說：「我很喜歡『困難』，解決之後多開心呀！你父就更甭提，他能解決任何問題。」從來沒有「撒嬌」的機會，卻有很好的「身教」。久而久之，你就養成了對事情沉默思考、沉着應對的態度，而且從來也不知道什麼叫做「壓力」、「難題」。沒有了這種標籤，也就沒有「犯病」的理由了。

▲　兒時的我

我母呢，據說生我的時候是局部麻醉（開刀），與醫生還有說有笑，及至出來一看又是個女孩，當場笑語戛然而止。（先補充一點：我父母絕對沒有重男輕女的思想，只是媽媽也許認為能有一男一女更完美。另外鑒於我在肚子裏的極端「不老實」，所以眾人期待的是一個男孩的誕生。）

我的性格不像女孩，媽媽也把我當男孩子養。她有極度的嚴格，也有放手的地方。這點其實我很慶幸，可以容我摔打跌撞、攀高爬低，在大風大浪裏成長。注意，這些都不是形容詞，是真實的情況。

男孩玩意

小時候，在香港的公園裏有一些讓孩子攀爬的架子，有點像建築的竹棚，一個一個方塊連結，但不是單一面的，而是整個架子又形成了一個立體大方塊，方塊的中央再豎起一個小方塊，成了整個架子的最高點。我每次去玩都要爬到最高處，有時候別人看見會驚慌失措，到底不是女孩子玩的玩意，我媽只說「讓她去。」在北京，我五叔帶我到北海公園，除了冬天可以溜冰，我最愛玩的就是爬繩子。那時節，我是見杆就爬見樹就上，活脫一個小猴子。

媽媽給我買了一輛「四輪」自行車，後面兩個小輪是可以拆卸的，以便將來學習踩兩個輪的。媽媽不讓下樓玩，因為路上危險。而且我們住在三樓，沒有電梯，每天搬上搬下，也有點麻煩。於是我能活動的地方，就只有廳外的一個小露台。沒有人在這豆腐乾大的地方學自行車的，也沒有人相信

會成功。只有我每天興致勃勃地嘗試，從這頭踩到對角線的那頭，在極短的距離裏找平衡。偶爾成功了，快叫媽媽看，誰知又沒堅持住。媽媽說：「成了再叫我。」皇天不負有心人，最終，還真讓我給學會了。這種鍥而不捨的精神，也是爸爸的遺傳吧。

滑板事件

小學五、六年級，我得到一塊滑板。那時的滑板絕對沒有現時的諸多花樣，只是在斜路上從高處往下滑。這恰恰符合我家門外的地勢，如是者每天反覆練習，已經到了很「溜」（純熟自如）的境地，特別是拐彎的時候，更有一種快感。卻有那麼一天，同學到我家嚷着要去玩這新奇的東西。到了樓下，我如常地做這一套動作，到了最得意的拐彎處，不知怎地我突然往後摔倒在地，左腿橫着壓在右腿下。我立馬欲起，左腳卻完全吃不住力，我重新跌坐在地並呼喊求救，此時左腳有一處已腫得像叉燒包般大小。

這會兒媽媽急了，在送我到醫生途中挨一頓罵是免不了，她急得連我的同學也埋怨上了，是誰倡議去玩的！我心想，是我自己不小心，哪能怪她呀。與此同時，車輛的每一下顛簸我都痛入心肺，因為後來 X 光顯示：腿上兩根骨頭，一根裂了，一根斷開了。

長話短說，我先被跌打醫生醫治，他只消腫而沒作任何正位。過了一段日子，我的行動還是單腳跳。我父母問他什麼時候能好，他卻好像對病情沒有把握，不懂得治下去了。這下我媽更急了，難道女兒真要變成瘸子？！這時幸好有人介

紹了醫院的一位骨科醫生，他看完我，什麼治療也沒做，只說了一句：「起來走路吧。」於是，我便奇蹟般的跳着進去、走着出來……

謝天謝地，一切回到正常了！慶幸我還年幼，恢復得快；慶幸骨頭是斷裂了，卻沒有移位。然而這一次，真是有驚無險的大折騰。

陽光海水的日子

八、九歲時，媽媽教會我把頭擱進水裏並浮起來，便讓我正式參加游泳班了。其一是因為學會游泳是必須的，其二是因為我年幼時體弱多病，經常發燒感冒，甚至哮喘，媽媽希望通過練功、游泳，使身體得到鍛煉。

游泳在海裏進行，不管任何天氣。那時沒有「美白」一說，烈日當空，沒有人塗抹防曬霜，我的膚色如同巧克力，而且非常驕傲地與男同學比「黑」。不像現在的人在游泳池裏還全副武裝：泳帽、防水眼鏡……我們全身除了游泳衣外沒有任何其他裝備，而且在鹹海水裏還必須睜大眼睛，因為要防範「白炸」（會螫傷人的白水母）的襲擊。水母有形，還有幾乎無形的「水滋」，防不勝防，我也是常常被咬得體無完膚。總之，沒有任何東西可以停止每個暑假的學習，更主要的是，那時候的人沒有那麼嬌貴，也沒有那麼多的恐懼，我也只覺得自己「爛命」一條，沒當一回事。

學習從基本功開始，先是手腳分開練，每天要完成一定的數量。到會游了，就逐步加長距離。反正與練功一樣，一個上午是不帶休息的。最長的一次，也是最驚險的一次，是游

到對面山去，中間要經過兩個浮動的燈塔（距離可想而知）。說是最驚險，是因為遇到了激流。

老師領頭，學生一條龍地跟着游。通過第一個燈塔，安然無恙。到第二個燈塔時突然水流急速從左往右湧。我深刻地記得，我（大概在第三位）和老師是從燈塔的左邊游過去的，到我回過頭去，電光火石間所有後面同學已然到了燈塔的右邊。那時根本也沒有害怕二字，大家只知勇往直前，一個勁兒地游到彼岸。到達目的後，休息耍嬉一番，大夥又再游回去。而回程，倒是一路的風平浪靜。

這些事，我當時都好像沒跟媽媽說。

籃球健兒

中學期間，我課餘的運動是籃球。

那時節，「球不離手」的程度甚至在家裏也要拿球往牆壁來回撞。有一次，球反彈的角度太高，把我媽陪嫁的一盞天花燈給碰下，就地粉碎。這個禍可闖大了，我只能簡略地寫了一封求饒信，把它貼在大門上，然後早早躲上床睡覺。至於媽媽回來如何發落，聽天由命吧。幸好結果還不算太「慘烈」。

每天放學，我會一早把功課做完，甚至爭取在放學之前就做好，以便騰出時間打球。除了在學校玩，還會與同學到街頭球場去「跟隊」（即與在球場的人臨時組合、比賽），而我，往往是唯一的女孩子。後來，因為表現出色，我被選進了校隊，也因為射球較準，主要打的是前鋒。在這之前，學校舉辦了一次班際籃球賽，當中有兩場比賽至今記憶猶新。

我們心目中有一個勁敵，那一班個個高大威猛，個人技術強。而我們班的優勢，是包括我在內的三個人的默契配合。抽籤結果，我們在很早的階段已經碰上了。勝券並不在握，那一場比賽吸引了全校的同學。上天眷顧，那一天非常順利，我幾個遠射都中的，結果意外地以較大比數取勝。

　　一直到了決賽那天，對手是低一班的黃毛丫頭，我們平常就沒把她們放在眼裏，這回覺得是勝券在握了。開始我們輕易地領先，過了一陣，不知怎地她們突然迎頭趕上，甚至超越。雙方激烈地爭持着，幾番平手加時，再平手再加時……最後老師說：「算了吧，算你們雙冠軍。」沒有一方同意。她們希望越級取勝，立時名聲大噪；對我們來說，雙冠軍等於輸掉，顏面何存！彼時雙方已經筋疲力盡，卻毫無放棄之心。再度加時激戰之際，我突然抽筋坐落在地，眼看最默契的隊友正拿着球看着我，我大喊一聲：「射呀！」她雙手一舉，球應聲入籃，哨聲隨即響起，我們以一分之差，險勝奪冠！可憐對手為此落淚。

　　就是因為這次班際賽，我和那最好的同學都進了校隊。然打球好玩的心態從此蕩然無存，因為校隊的訓練有如軍訓，基本功兩個小時後才能開始打球，翌日，那是連上下樓梯都有困難的……

　　這便是我的童年與少年的縮影。沒有一絲女孩的脆弱與扭捏，我從來不愛粉紅粉藍這些典型的小女孩顏色，我沒有一個洋娃娃，有的是槍和箭與熊。除了斷骨，哪處沒碰傷摔傷過？游泳的時候，患上中耳炎和鼻竇炎，幾乎要開刀，也沒攔得住我練習。當然也有因頑皮而自取其咎，譬如某天在家

門前看見停着一輛摩托車，我高興地一躍而上，卻被這剛剛熄火的無情機器灼傷，在小腿上留下深深的烙印，直到很多很多年之後才慢慢淡化。我媽是個愛美的人，這哪是女孩幹的事呀？她也只能是「沒轍」！

　　不過，也就是這種男孩性格，使我變得很皮實，能屈能伸，在以後的日子裏，能夠咬得住牙，吃得起苦。至於各種毛病如哮喘、鼻耳炎什麼的，也因為長期的鍛煉和折騰，最終消失得無影無蹤了。

字

「字」，對我有一種神奇的作用。

猶記在還沒有上學的孩提時代，我已經喜歡自創文字，寫在牆上，然後問大人：「到底有沒有這個字？」

未幾，家裏的白牆壁幾乎全是我的鉛筆塗鴉，有我實際學過的字，也有我的「創造」和畫的小人……奇怪的是，即使滿壁盡是我的偉大作品，我每天依然能找到一小塊白色的空間，以滿足我這寫寫塗塗的欲望。長此以往，家裏總有忍無可忍的一天，媽媽最終將白牆換成一種表面比較粗糙、顏色比較深、很難在上面書寫並且寫了也看不見的一種牆紙。我幼年的「壁畫」生涯，也只好隨之告終。

年紀稍長，媽媽讓我知道中國書法是一門了不起的藝術。雖然次數很有限，但我記得我們曾有過一起寫毛筆字的場景。

媽媽說：「字是代表一個人的性格的，要練好。」我記下了。

我問：「怎樣才能分辨字的好壞？」

媽媽說：「多看看就知道了。」

看似沒有告訴我，但實際上確實如此。這就是中國傳統教育方式殊勝之處：有一個明晰的美學標準（譬如經典字帖），但重在薰陶、潛移默化，而不是理論教條。慢慢的，我覺得我對字已有一個頗為明確的偏向，我知道我喜歡什麼樣的

字，想學什麼樣的字。小學時期，書法似乎很自然地成了我的強項，我能在比賽中獲獎；中學時期，我經常負責班級的壁報，寫文章、寫美術字，把文章用粉筆抄寫在黑板上等等。

但寫字的過程也不是一帆風順。曾經有一個短暫的時期（大約是中一的時候），也許因為基礎還不夠牢而又有點自以為是吧，我的字突然走樣了。怎樣被發現的呢？非常慘痛，是媽媽偷看我的日記！（當然我也因此再不寫日記了！）

媽媽嚷：「怎麼字變成這樣了？胳膊腿亂踹一般！」

這當頭棒喝使我頗為震驚，我仔細一看，過去的清秀俊朗哪裏去了？這些字怎麼都像張牙舞爪、沒了章法。怎麼我自己沒有意識到呢？是審美出了問題嗎？諸如此類的疑問在我腦海裏縈繞。

不行！我暗下決心，必須把自己「正」過來。而正過來的唯一辦法，就是把自己再「束縛」起來，規範起來。我買了一本正楷字帖，先從鋼筆寫起，如是者天天練習，終於使自己逐步回歸正道。也因此，讓我對中國字形的結構，有了更深一步的理解。

學生時期雖然也有不少書法作業，但那時基本是手臂放在桌上，如以前帳房先生記帳般（持筆方法也是手指離手心很近）。一旦需要提腕，會感覺非常吃勁，力不從心。這個情況的徹底改變，始於我跟戚谷華老師學習行書。

第一課，戚老師將最基礎的知識如：怎樣拿筆、每根手指的作用、拇指食指中指如何形成「鳳眼」、手心中空等交代得異常清楚。然後，不管學生是什麼程度，都必須經過「基本法」的鍛煉。

手書崑曲《長生殿》楊貴妃唱詞

何謂「基本法」？這是一個了不起的「創舉」：老師把書法的橫豎點、逆筆反筆、筆尖運用等等，化到畫星星畫圓圈寫線條寫小鳥當中。學生必須經過這個階段，方能進入寫字的練習。

這是一個高度的總結，讓學生少走好多彎路。練後不單對所有筆法了然，更神奇地解放了整個手臂。我從來沒有感覺提腕是如此的輕鬆自如、毫不費勁。自此，我算是正式步入正軌，可望修成「正果」了。

練習、學習書法，是我一個非常鬆心愉快的經歷。第一，由於自己當了一輩子的學生，也當了很長時間的老師，深知藝術基本功之重要。基本功不過關，高樓永遠建在沙灘之上。因此，在「畫鳥畫圈圈」的階段，我心裏一點兒也不着急寫字，只認認真真、全心全意地畫，就像畫一幅圖案畫似的陶醉其中……

第二，完全保持平常心，實事求是，不好高騖遠，敢於承認與面對自己的不足，同時非常有信心能夠更上一層樓。這些看似理所當然的道理，在年青氣盛的時期不一定能做得到。

第三，上課時，老師不會作很多點評，學生主要看她寫字或臨帖時一筆一劃的韻律和節奏，不同筆鋒的運用，同時體會這種動律和感覺。一切都不是語言可以傳達的，同學要是問：「這個字好難寫呀，老是寫不好。」老師會笑着說：「同佢傾多啲偈啦。」（戚老師是上海人，但她這句話總愛用廣東話說，很可愛。）意思是「跟它多聊聊天」。我理解這和「多練練」還不完全一樣。練可以是機械的，應付差事的，甚至怨恨自己總沒弄對；而「聊天」卻是帶着愛意、期盼去練，今天沒聊好，咱們明天再聊聊……沒有負面急躁和責備，更

不會畏難而退。有愛，還有什麼是克服不了的呢？

　　書法練習必須處於平和、寧靜的心境。或者說，書法的過程本身就會帶你進入這種心境。寫字讓人舒坦，能把心從紛亂中拉回來。「歸根曰靜，靜曰復命。」回歸到本性本源，人就能平安喜樂。

　　行書講究每筆呼應，相互顧盼，結字的平衡、謙讓，這些何嘗不也是人生的道理？藝術的愉悅，內涵的哲理，都已隱藏在這一筆一劃之中了。

　　「潤物細無聲。」傳統藝術，正是從每天實踐的一點一滴，為你帶來喜悅，引領着你回到心靈的家園。

戲緣

對於「戲」，我從小是充滿想像的。

媽媽的「晨褸」是我的水袖，她的長絲巾是我當「女俠」時的斗篷。我會對着鏡子為自己裝扮（這是唯一還有點像女孩的時候）：在頭頂中間拿起兩撮頭髮，用髮夾夾好，形成兩個小髮髻，然後戴上媽媽給我買的珠花（上面還有一小串垂下來的珠子）和其他小飾物，然後就進入我的幻想世界……

我的「劇本」不長，都是片段式的，很像中國戲曲，重抒情多於劇情。有時候只是一個情節，已足以讓我或悲切、或喜悅地盡情沉醉其中。

我從來都不愛當什麼公主式的人物，反倒喜歡想像「睡山洞」，用樹枝生火等場景。小時候的家有一個假壁爐，上面有一處供擺放裝飾的平面，就只有身體的寬度這麼寬。我

▲ 兒時的我充滿想像……

會平躺在上面，假想武俠小說的俠女，晚上在黑暗的樹林裏棲身，即使睡覺也保持着警惕。我還在客廳裏找到一條「路線」，從椅子跳到桌子跳到沙發……一直到這個平面，腳可以一下都不着地，以示輕功了得！（前一陣子與姐姐的跳舞朋友餐聚，席間文漢揚突然憶起他第一次見到我時，我正在那裏「飛簷走壁」，使他不禁竊思：怎麼 Tania 的妹妹像隻猴子！我聽後哈哈大笑，不單沒有生氣，反感「老懷安慰」——居然還有人見識過我這身「功夫」！）

天生的「北京話」

我在香港土生土長，從來沒有在北方住過，平常在家，說的都是粵語。

每天來家裏的鄒師父，是國語廣東話夾雜，他原籍福建，故也帶有南方口音。媽媽從小在上海長大，普通話也不純正。

我的其他京劇老師，見面只練功，基本沒有什麼對話的機會。除了下課時，我會非常覥腆地說着大人教我的四個字：「辛苦師父」。

但是，我心裏知道，其實我會說北京話。我曾經告訴我媽，她不信，因為我從未開口講過。

9 歲那年，隨家人赴京，看望奶奶叔叔，我終於可以「露一手」。一出口，流利的北京話，「兒」音充足，尖團字絕不會錯，眾人驚訝。

直到今天，很多人仍不相信我是地道香港人。有人說：「你的普通話那麼好，是北京人吧？」我說：「我是香港人。」

緊接着他會説：「你幾時落嚟㗎？」（你什麼時候來的？）

還有些人，因為堅信我是北方人，甚至覺得我的廣東話有口音！

説實話，連我自己也不知道為什麼，是前世的記憶？（前世一定是戲班的。）但有一點可以肯定，那就是今生之緣，與京崑不解之緣。否則我怎麼會在這個粵、洋文化佔統領地位的香港，出生在一個有機會天天接觸京崑的家庭？

無法忘懷的快樂

從小練功，中學期間開始認真地跟鄒師父學京劇的唱。及至中學畢業，那時其實是迷茫的。

在香港沒有任何京崑劇團，內地「文革」沒有結束，一切處於動蕩，走戲劇這條路是想也甭想。出國留學，我依然離不開藝術，想過的有兩個方面：一直喜歡的畫畫和從小就學習的音樂。結果種種原因讓我選擇了後者。

在歐洲，曾經學習的地方有日內瓦、巴黎和格勒諾布爾（Grenoble）。在日內瓦音樂學院主修鋼琴演奏，完成學業時，已達開獨奏會的水平。

但是，當我回到香港，我的心並沒有安頓。我無法忘懷兒時在戲曲裏得到的快樂，乃至那鑼鼓聲對我的呼喚。我從小便喜愛音樂舞蹈戲劇書畫運動，我又是這樣一種亦文亦武的性格，世界上有哪一樣東西可以給予你這種全方位的滿足，而本身又是如斯完美地融一切為一？捨京崑其誰？

再者，看過了古今中外，我對自己古典文化的崇敬與嚮往，更是義無反顧。

初試啼聲與「背水一戰」

1982 年，我得到一個機會演出全本《白蛇傳》，一切都齊備了，就差一個許仙，於是到處尋覓。結果是：台灣的不行，香港的看不上我這黃毛丫頭。最後，蒙上海文化局的幫忙，把這艱巨的「任務」派給了小蔡 —— 蔡正仁。

在當年，被派單槍匹馬一個人赴港的，真是絕無僅有。因此，蔡正仁非常重視這個事情。為了排好戲，他讓人傳遞消息，讓我先赴上海，也好盡早進入排練。

我當時心想：這是我頭一次演這麼大的一齣京劇，雖然經過多月的排練，我心中是有底的，也相信台上錯不了，可是別人未必就能對我有信心呀！特別是我，長相稚嫩，在排練場上多多少少總會比較靦腆，撒不開，那不更打折扣了？不行，不能去上海！不能動搖「軍心」。這樣吧，請蔡先生早點過來，我們在香港排。說穿了，就是讓他「背水一戰」，到時候不管白娘子何等模樣，你也只能奉陪到底了。

演出的日子臨近，我與母親到機場接蔡先生。他甫下機，看見一個長得頂多像個中學生模樣（蔡先生原詞）的木訥女孩子，就是她演白娘子嗎？！如何跟我匹配？蔡正仁不禁倒抽一口涼氣……也只好如此了，唯一能做的就是趕緊排戲、磨合，進入狀態。

看來我的「策略」是對了。我知道，那個年代，「台下」的我是不具說服力的。（說實話，我即便到了 30 多歲看上去也還像十來歲的樣子，孰幸孰不幸，見仁見智。19 歲時曾在國外開過一個書畫展，那時就有人勸喻我千萬不要現身，否

則絕沒有人「幫襯」，因為書畫貴在老練，年紀越大越好。）

　　但是我心底裏知道，台上的我，會是另外一個人。

　　演出果然不負眾望，一炮打響。當中還發生了一個小情況：〈盜草〉一折，與鶴童對打時，不知怎的劍斷了，我不慌不忙把斷劍扔到後台，隨即接住後台扔出來的一把劍，接着演。蔡正仁對此讚嘆有加，認為我臨危不亂。我心裏卻想，有什麼了不起的，我是籃球隊隊長，難道接一把劍還接不住？

　　概括言之，演出是成功的。自此之後，我們演了好多次白蛇傳，而蔡正仁更成了「御用」許仙，這齣戲，我還真沒有跟別人合作過。

▲　與蔡正仁合演《白蛇傳》

拜會俞振飛老師

82 年演出時，蔡正仁在〈上山〉一場唱的是崑曲，我有驚艷的感覺。以前不是沒聽過崑曲，印象中有限的接觸，也只是武戲當中一些用笛子或嗩吶伴奏的牌子，卻從來未聽過如此悠揚動聽的唱法。加上蔡先生給我的「見面禮」，就是剛剛印好、還未正式出版的《振飛曲譜》，那就是說，我得到的是名副其實的第一本。我對此珍而重之，並下決心學習崑曲，而且必須學其正宗。

83 年，蔡正仁帶我來到了俞老的家。俞振飛這個響噹噹的名字，從小就聽我母親談起，媽媽總是說這是小生當中最漂亮瀟灑、最儒雅具書卷氣的。我看見目前這個和藹可親、卻曾經高遠得像童話故事中的人物時，不禁心生激動，我記得我大膽誠懇地跟俞老說：「我要跟您學崑曲！」

▲ 第一本《振飛曲譜》及俞老題字

俞老親授

俞老教我的第一齣戲是《遊園驚夢》。在第一課中，老師就把崑曲唱唸與四聲的關係講得非常明白，接下來就是給我拍曲。不過，這次學習是帶有「任務」的：二十天後，我就得把《遊園驚夢》的全部唱唸做舞學會並登台演出。時間十分短促，但也許還是初生牛犢的關係，這件事對我來說，似乎是期盼多於壓力。

我每天認真地上課、練習，最終順利地把我學的第一齣崑曲戲演了下來。俞老來看戲了，他是滿意的。

後來聽蔡正仁說，老師回家後連說了三個「奇怪，奇怪，奇怪！」意謂我在台上，絲毫沒有覺得跟經驗老到及「大塊頭」的蔡正仁有任何違和感覺，完全跟台下的我不一樣。我聽後好興奮。

▲ 在俞老家拍曲

▲ 與蔡正仁演出《牡丹亭·驚夢》

▲ 俞老手書《牡丹亭·遊園》【皂羅袍】唱詞，並題詞：宛霞女弟於一九八三年六
　月來滬學曲。從學習唱唸和排練身段動作僅二十天即登台演出，不但絲毫不錯，
　而且能將細膩的唱腔和優美的舞姿，將台下觀眾誘入藝術境界中去，堪稱奇跡。
　今將其最近學就之牡丹亭遊園中之皂羅袍一曲書贈，以表余之喜悅之心。

但我萬萬沒有料到的是，老師居然還寫了一幅字送給我，這太珍貴了，我如獲至寶。這幅字，曾經在香港裝裱的時候，被人弄髒了，老師得知說為我重寫，在上海裱好再寄給我。我說不用了，我就想留住老師您當時的心情，這是對我最大的鼓勵！這幅字，曾經被記者拿去，我哭着搶回來，我覺得這是老師對我非常慷慨的肯定，我應該默默珍藏，如果被用作宣傳，那是太狂妄自大，理所不容了。這幅字，最後，是登在我的博士論文上，以記錄這件美事。

　　這次演出，俞老為我說唱唸，華文漪師姐給我說身段，笛王顧兆琪為我伴奏，上海崑劇團首席化妝師康晴負責我的妝容（我們後來成了非常要好的朋友）……現在想來，實在太幸福了！

　　自此之後，我一直跟俞老學戲，我學的好多崑曲唱唸，如《牡丹亭‧遊園、驚夢、尋夢》、《玉簪記‧琴挑、秋江》、《百花贈劍》、《販馬記》、《長生殿‧絮閣、小宴》、《雷峰塔‧水鬥》等等，都是俞老親授。由於我們總在晚上上課，而內地當年是習慣早睡的，看見我們在這麼晚還興致勃勃，故給我們師徒起名「夜班黨」。

　　經過兩年的學習，直到 1985 年，我在上海舉行了拜師典禮，在傳字輩老師、眾多藝術名家面前，正式拜俞振飛老師為師，名正言順地走進了崑曲的殿堂。

▲　1985 年在上海舉行的拜師典禮

　　　　　　心・路 ——鄧宛霞藝術人生文集

學藝的苦與甜

2019 年，我應邀任第 29 屆「中國戲劇梅花獎」評委，半個月在南寧，密集地看了許多戲。每一場演出，除了「奪梅」演員全力以赴的表演，還有整個藝術團隊的齊心協力，地方政府、院團負責人的大力支持。看到這些，不禁讓我感觸良多，憶起了自己的學藝過程。

在學藝的道路上，我有非常順當的地方，但也有很多外在條件上的困難。

轉益多師

在師承方面，無疑我是十分幸運的，甚至有點得天獨厚。

首先，俞振飛老師領我進入了從清代葉堂一脈相承下來、當今有「俞家唱」之稱的崑曲殿堂。

誰是葉堂？他是乾隆年間一位造詣極高的曲家，所創「葉派唱口」，為習曲者準繩。所著《納書楹曲譜》，納入了湯顯祖「臨川四夢」（《牡丹亭》、《紫釵記》、《邯鄲夢》、《南柯記》），並為之修訂曲譜，解決了戲曲歷史上著名的公案——「湯沈之爭」*。

*（湯顯祖「臨川四夢」，有稱原系為江西宜黃腔所寫，故不可能完全合乎崑曲唱腔規矩。當時守法甚嚴的劇作家沈璟，與一眾吳江派人士，對此作出批評並擅改湯之《牡丹亭》。湯大怒，還擊曰：「正不妨拗折天下人

嗓子。」正是情所至處，管他合不合法則，即使唱破爾的嗓子也在所不惜。葉堂在此事之功，乃使湯之著作完全合乎崑曲曲律，而絲毫不改其文。）

俞振飛學曲於父親俞粟廬，俞粟廬有「江南曲聖」美名，若論淵源，俞粟廬的老師應為葉堂再傳或三傳弟子。

俞老書香世家，書畫兼擅。學曲時，常以書法提筆按捺比喻運腔勁頭，並贈我以字帖，對我在整體藝術與學養上，有着極大的影響。

▲ 我與兩位恩師 ── 俞振飛、張美娟

▲ 姚傳薌老師為我說戲

在隨張美娟老師近十年的光景中，得到恩師手把手的傾囊相授。我獲得梅花獎的《大英傑烈》，正是張老師的心血見證。記得 1990 年在北京《紀念徽班進京 200 週年》首場演出後，袁世海老師上台對我說的第一句話是：「看出你老師用了心了！」

上海戲曲學校的曹和雯老師，是北京中華戲曲專科學校「德、和、金、玉」「和」字輩的（這科班出了王金璐、李玉茹等名家）。我跟曹老師學的是青衣戲《貴妃醉酒》、《坐宮》等。曹老師要求得極為仔細，脖子的勁、腰裏的勁、頭的角度；穿着蟒、端着玉帶如何走出貴妃婀娜多姿的形態；穿着旗裝如何走路、如何出門，梳上「旗頭」坐着，該如何轉身與駙馬說話等等。不同服裝不同的「範兒」，做到了，只一出場就顯派頭。這種教學，讓學生每一下都有着落，是真正教到京劇的本質上去了。

我常演的《蝴蝶夢‧說親回話》，受教於傳字輩的姚傳薌

老師。他還教過我《鐵冠圖‧刺虎》等，當時我是到杭州學戲的。姚老師非常愛琢磨，有時候同一齣戲，教前後期不同的學生，就有不同的版本。

南京的陳正薇老師，是梅蘭芳先生入室弟子。梅先生晚年代表作《穆桂英掛帥》，曾經親授予她。我有幸向陳老師學習了這齣戲，以及其他一些基礎的青衣戲。

我的花旦戲，得益於上海戲校李秋萍老師。她是名家童芷苓的弟子，深得乃師神髓。對於京白的唸法，高低音、真假嗓的結合，尤為講究。我《大英傑烈》裏的〈茶館〉，以及全本《尤三姐》，都是她的傳授。當時，我對這些劇目達到癡迷的程度。

我好多崑曲戲的身段，如《遊園驚夢》、《百花贈劍》、《琴挑》、《販馬記》等，都是師姐華文漪跟我說的。她表演雍容大方，個頭扮相，難有人與之比肩。特別是身上的獨特感覺，那絕對是閨門旦的楷模。

還有曾經請益的陳永玲、杜近芳等老師，無不在藝術上給予了我極大的幫助。

有時候我想，我前世幹了什麼能修來這等福份，學藝於如此多的大師、名家。而且這種師生緣，又是如此的自然而然，毫不費勁，無刻意為之。興許，這就是我藝術道路上，甚至是人生中最大的幸運吧。

苦中之樂

　　然而，也有讓我最傷心遺憾的事情，那便是簡單如練功演戲，當年對我來說都是異常困難的一件事。我沒有練功的地方，曾有一個時期，當時的新華社為我協調了新光戲院，在每天早上戲院開門之前，我可以佔用他們二樓一塊觀眾憩息、面對着兩個廁所的小「空地」。縱然條件不佳，我已經非常雀躍，因為那裏有薄地毯，高樓頂，可以容我舞刀弄槍。我曾邀請張美娟老師來港三個月，我們就是在那裏排練《大英傑烈》的。

　　因為香港的不便，我八十年代至九十年代初大部分時間都在上海渡過。尋師學藝，住在戲校或京劇院的一個小辦公室裏，沒有任何衛生或取暖條件。所謂的「洗澡」，也就是打些熱水放在塑膠盆裏擦擦身。猶記嚴冬之時，我只有靠剛練完功的一身熱氣才能「沐浴」更衣；晚上更是腳踏「湯婆子」、手抱熱水袋才能入睡。而上海的夏天和「秋老虎」，酷熱實在難當，我就試過黎明時份，起來用涼水潑身。夜間更有橫行的蟲蟻，趁着熟睡時，爬到你的臉上來。對付的辦法？用草藥薰過，不管用。還有就是當時流行的「神奇粉筆」——用這種筆圍着四隻床腳畫圓圈，可能是產生一種氣味阻止牠們爬上來。然而對於會飛的「朋友」，就起不了「神奇」作用了。

　　學過戲後，必須有所實踐。我在香港沒有一個足以獨立演出的團隊，因此必須到各地劇團搭班，巡迴演出時跟着大夥兒睡後台（別看這頗為艱苦，對我來說一眨眼就置身於偌大的舞台中，是多麼幸福的事情）。除了較大的城市，我們還到

偏僻的村鎮，住的地方窗戶是破的，冬天要用報紙糊上擋風；廁所是頗為遙遠的一塊地方，沒有衛生設施，污物囤積，似有落地生根之勢……

那時很多人罵我「神經病」，因為他們首先會想到物質條件。甚至海關人員看着我的出入境記錄都覺得不解：你又不做生意，整天呆在國內幹什麼？我無言答對。偶而受傷去看醫生，醫生問：「何以至此？」我說：「練功所致。」他似聽見天方夜譚……身邊充滿着太多的「不理解」，我也從不解釋，因為沒有人能懂。只有我的內心知道：再安逸的生活，比不上切切實實在練功房一招一式的苦練，比不上師生溫暖人心的情誼，比不上戲曲舞台無邊的魅力。那段別人認為我神經病的日子，也許**是我一生中最舒心最快樂的時光！**

為了讓你更了解巡迴演出的情況，請看八十年代我一些專欄文章的摘錄：

巡迴演出

自 85 年開始，我很大一部分時間都在內地度過，為的是學戲與巡迴演出。

在這幾年間，去過的地方也着實不少。除了像北京、上海、天津、南京、大連、濟南等大地方之外，足跡還遍及江蘇、山東、東北、福建等各省的中小城市，甚至還到過一些連自來水都沒有的小鄉鎮。演出期間，為了練功及排戲之便，我多半跟大夥兒一起住在後台。這些劇場的「招待所」，可不像一般的旅店、賓館，連床單、被褥一起出租。他們是只供應一塊「鐵板」，其餘「零件」另議。

劇團為了節省這筆開支，往往要求演員一切自備。故此巡迴演出就好比行軍，人人一個大背囊。手上還提着面盆、膠桶、暖水瓶等一大堆。遇上冬天，還得把家裏的棉被扛出來。因此每離開一地，整頓行裝、「打鋪蓋」、清理房間等雜務，真比登台還要吃力。

　　我們住宿條件的簡陋，有時實非外人所能想像。在青島，全團七十餘人共用一個水龍頭，包括洗臉洗澡煮飯卸妝……

　　在山東的另一個小城，後台的「廁所」簡直不忍卒睹，不要說沒有去水道，根本連「坑」都談不上，只是在平地上每隔一小段距離放一塊磚頭以供立腳之用。內裏「寶物」，更加是落地生根，千古不移。說實話，任何艱苦條件我都能忍受，唯獨對這塊「寶地」有點駭然。結果索性買了一個馬桶擱在房中，以盡量減少「路過貴境」之次數。實在不得已之時，也只好捏着鼻子，戴上墨鏡進去「拼一記」。

　　在鎮江，正值臘月，天寒地凍。後台化妝時已直打哆嗦，上場後，藉着台上燈光才稍覺暖和。因此一天最寫意要算是躲在被窩的時刻了。某夜，正要進入夢鄉之際，突然聽到一種揉弄紙張之聲，忽左忽右，清晰異常。正巧早一晚聽大夥兒講了一夜鬼故事，心中不禁起疑。可說也奇怪，在那種極度疲勞與嚴寒底下，我居然連「怕」的力氣都沒有了。把心一橫：來就來吧，我睡我的！翌日，鬼怪看嚇不着我，只好「現形」，原來竟是一群「鼠輩」……

去巡迴演出很多時候要坐火車，當時的火車站也是一絕，即使入閘處並不老遠，它也要把你折騰得「攀山涉水」、「左右盤旋」才能到達目的地。若手上拎着諸多行李，那可不是鬧着玩的。幸好後來我已有了自己的小團隊：化妝、服裝；頭杆兒、二杆兒（負責扔槍的夥伴），可以相互有個照應。崑劇團的師兄蔡正仁偶而也加入我們的隊伍（因為這是他唯一能過「京劇」癮的時候），面對這等無謂的折騰，蔡兄最是按捺不住。但「反抗」無用，有理也說不清。感喟之下，只得引吭高歌，以意大利「美聲唱法」臨時即興一段，歌名曰「怎麼難受怎麼來！」。他雄厚的歌聲，頓時化「怒」為「樂」，減輕大家好幾分疲累。

　　某年到鞍山演出，那天抵達劇場已是傍晚，眾人對我優待，把我分配到「公安局」的一間小型辦公室裏安身。內有書桌一張，床當然是現成搭的。小斗室密不透風，面積大概可以容納兩個人左右。

　　我稍作整頓，剛準備上床休息，忽然雷電交加，大雨傾盆而下。我想：無妨，雨聲正好伴我入眠，於是關燈就寢。

　　誰料片刻過後，竟聞房內有「嗒、嗒」之聲，開燈一看，原來水點正沿着屋頂燈管電線滴下。我生怕漏電，趕忙把燈關掉，並隨手拿起床頭的電筒（此乃巡迴演出必備之物），到處找尋雨具以便外出「求救」。

　　可是遍尋房中，竟無一遮頭之物。最後迫得冒着豪雨，足踏泥濘跑到前台找幫手。待我渾身濕透再返回屋內時，頂上漏滴竟已不下十處，我的枕頭被褥當然亦無一倖

免。看見自己房間變成了「水塘」模樣，心中倒真有點難過委屈。最後大家合力，連夜助我「轉移」到台側一個陰森的「地窟」，暫且棲身。我一宿未合眼，但翌日卻是我的重頭打泡戲⋯⋯

風吹雨打加上失眠，我用特效藥硬撐了幾天，結果還是病倒了。

看到此處，相信又有人要罵：好好香港不住，跑到這些地方去受罪，活該！不錯，我是自找的，不過也因此贏得了不少寶貴的閱歷。由於整天跟劇團「泡」在一起，我得以體會戲班內部各種錯綜複雜的矛盾，為什麼帶團比帶一支軍隊難，藝人受的是什麼待遇，演藝生涯到底是苦是甜⋯⋯當然，還有最重要的一條：我大大地增進了舞台經驗。就是再苦，也是甘願的。

真實寫照

當年在內地學藝情況，這裏還有一例證。

這是我收拾舊物時，偶然發現的一封蔡正仁師兄寫給我媽媽的信。一看之下，憶起彼時情景，忍不住捧腹大笑。一來，蔡兄文筆幽默，二來，也確實是我當時一個最真實的寫照：

過幾天我將要陪霞霞練排《穆柯寨》（註：我學習《穆柯寨》，缺一個楊宗保，張老師提議讓蔡正仁來，他只好從命），我還是在學生時代穿過大靠，這次只好硬着頭皮穿起靠來練功、打把子，否則就無法爭取在 3 月 10 日左右綵排。我這

個師兄如今已年近半百，如何能和她風華正茂相比。霞霞近來練功、學戲的勁頭真是越來越高漲，除了練《大英傑烈》外，還要練《穆柯寨》，下午除了去音樂老師那裏學練聲外，還學《尤三姐》。總之她是不肯讓自己停下來。飯可以一日不吃或少吃，但戲卻不可一日不學。她的心思全撲在藝術上了。

近來我每次見到她，總是見她在琢磨台詞、表演。有時她的表演神經發作起來，連我也會情不自禁的「神經」起來。前幾天（某君）請我們去吃飯，從文化廣場出發，需換乘三部車子才能到她家。一路上不管是走路還是等車，或是在車上，這位師妹，只要有空，她所念念不忘的仍然是台詞、表情，尤其是《尤三姐》的那種瘋瘋癲癲和潑辣多情的性格和特點，她表演起來竟是那樣的「自然」和真切。

您一定難以想像：昔日最怕別人看她表演的女孩，如今竟敢在馬路上手舞足蹈起來。更有意思的是到了她們家，只要主人不在面前，離開我們到廚房，霞霞就會抓住這個「空子」，再過過戲癮，瘋瘋癲癲的來上一段，所以用「如癡似醉」四個字來形容是一點也不為過頭的。如此鑽研下去，那麼「活尤三姐」「活穆桂英」就很快會降臨到她的頭上。這當然是好事，但一直這麼「活」下去，人豈不要累死啊！

哈哈！好一段快樂無憂、永遠累不死的日子呀！

張美娟老師

老師，昨晚又夢見了您。

醒來一陣心酸，想哭。

您的音容笑貌如昔，我在夢中還傻傻的扳手指頭算您的歲數，我忘了您已在一個沒有時空的國度。

我多麼懷念您的教導，每天早上沒有一分鐘歇息的練功、學戲，一遍遍地完善、加工。多麼幸福啊，您手把着手、單對單地教我⋯⋯

那些年，嚴冬您送我棉鞋，晚上沒有您的「湯婆子」我根本無法入睡；我病倒了，您僱了「黃魚車」來看我（八十年

▲ 張美娟老師

代的上海，的士基本是叫不到的。「黃魚車」是一種人力運貨三輪車）；我得了「梅花獎」，前路卻依然徬徨艱辛，在您的課堂上我忍不住哭了，是您給了我安慰和力量……

那些年，我們琢磨着「靠旗出手」從來沒有人試過的一招：把扔過來的槍在左邊靠旗繞一圈，彈到右邊靠旗再繞一圈，然後拐踢回去。經過無數次試驗、練習，終於成功了！我們興奮地把這一招名為「三連貫」。因為「三連貫」難度極大，不一定每次都用得上，有時槍扔得偏一點，或繞圈繞得不夠理想，就得臨時變招。記得在一次相當重要的演出中，您在側幕，看着我非常完美地完成了這套動作。我亮相後，趁着一轉身「漫頭」（身段名稱）臉沖側幕，看到您發出了會心的微笑……

好美麗的回憶！

昨天的夢做得很長，有一個鏡頭是我拿着傘與老師在雨中漫步。您說讓我去上海，您要跟我說一齣戲，還是教我一些什麼的，記不清了。但我好開心，不敢相信又能回到那當學生的日子。早上醒來拉開抽屜，看見您原來要教我《戰金山》送給我的一雙鼓鍵子，心中有說不出的惆悵與思念……這齣戲您沒來得及給我說，下輩子吧，我一定還跟您學。

我第一次看見老師，是在上海演出全本《白蛇傳》之後。當時我希望加強武功與身上的訓練，有人建議我去找張美娟老師。

張老師來看戲了，我事先全然不知。見到她我心裏有點忐忑，不曉得剛才的表現可及格否。張老師言語不多，正氣凜

然。想不到，打這次見面，我們結下了深厚的師生緣。她最終成了我幾乎日夕相對、相處日子最長、最親密親愛的恩師。

張老師在藝術上對我有不可估量的影響。她的為人，純樸正派，完全的淡泊名利，無私奉獻。處於人生低谷，她總是咬牙挺住，寧可眼淚往肚裏流，也從不吭聲埋怨；位高權重時，沒有任何的飛揚跋扈，堅持與平民無異。台下，她硬朗、平淡，對學生既嚴格又親和；台上，她光彩奪目，美不勝收。

在她身上，我看到一種毫無虛言的「德藝雙馨」。

童年到成角兒

張美娟的童年坎坷曲折，5歲被賣到尼姑庵，後幾經轉賣，最終成了京劇藝人張德武的養女，自此受着非常嚴苛、近乎地獄式的訓練。拿頂、下腰、毯子功、把子功，長時間地踩着蹺……按她自己的話，是「除了吃飯睡覺以外，全部時間都用來練功。」但也因此，練就了一身絕硬的本領、咬牙的意志，與承受一切逆境困難的能力。

11歲，為求進一步深造和借台練藝，養父將她插班到「上海戲劇學校」。她的同學都是「正字輩」，有顧正秋、關正明、孫正陽等。在校期間，老師也名張正娟。及至15歲，為了盡早挑起經濟擔子，不得不提早離開戲校，正式投入演戲生涯，並改回名字張美娟。一開始她也是搭班演出，到後來便自己挑樑了。

張老師的劇目非常硬，經常是文武雙齣。還反串《八大錘》的陸文龍、《周瑜歸天》的周瑜、《天霸拜山》的黃天霸、《鐵公雞》的張嘉祥等。曾經與梅蘭芳合演前後白娘子，張的

◀ 張美娟《八仙過海》劇照

《盜仙草》，梅的《金山寺》、《斷橋》。蓋叫天的藝術電影《武松》，曾指名要張美娟飾演孫二娘，惜後來因故未能實現。

張老師這一代人之前，武旦都是男演員。而且這個行當，最早在戲班裏並不重要，只是演開鑼戲和一些配角，到了她的前輩宋德珠，才創下了武旦挑班的先例。二十世紀四十年代，隨着坤角的興起，女武旦亦隨之崛起，張美娟是其中最具代表性的人物。有人稱她為女武旦創始人、奠基者。這除了其個人技藝超凡、形體之美無懈可擊之外，還因為她對本行當的發展有良多貢獻。在表演、技巧和劇目的豐富上，為今後的武旦行當開闢了一條更寬更廣的道路。現今武旦的經典劇目，如《虹橋增珠》、《擋馬》、《八仙過海》、《火鳳凰》等，或改編或創作，或創編新穎技巧，均是出自其手。尤其是今天舞台上炫目的「出手」（踢槍），很多招式與節奏的處理，皆為張美娟所始創。

周恩來欽點 —— 輝煌年代

上世紀五十到六十年代，是張美娟舞台藝術的高峰。她曾六次代表國家出訪世界各地。特別值得一提的，是 1954 年訪問印度和緬甸。

此次組成的「中國文化代表團」，齊集當時京劇、音樂、舞蹈最頂尖的藝術家。京劇以北京為主，有李少春、葉盛章、袁世海等，卻獨缺一個合適的武旦人選。此時，策劃整個出訪計劃的周恩來總理，想起了曾經看過並印象深刻的張美娟，於是「欽點」這個二十多歲的小姑娘，讓她從上海赴北京加盟。

約三個月的外訪演出，轟動自不在話下。最後，緬甸總理提出要把三枚金質獎章頒給優秀的藝術家，以表敬意和欣賞。然而難題來了，60 多人的大團，高手雲集，個個身懷絕技，應該頒給誰呢？這個「球」，中方只好推回給緬甸總理：請您按自己的意願頒發吧。

其結果：年青的張美娟，有點不敢相信自己的耳朵，她居然獲得了第一枚獎章；第二、第三枚，分別頒給了《百鳥朝鳳》的嗩吶演奏員，以及《鬧天宮》的美猴王李少春。緬甸總理說，這是他最喜歡的三個節目，而張美娟的藝術和出神入化的「出手」，是徹底把他征服了！

張美娟前後六次出國，先後同行的還有大師周信芳、俞振飛；旦角藝術家言慧珠、李玉茹、杜近芳等。而她的節目，總是非壓軸就是大軸。

國外演出為期頗長，單兩次赴西歐各國就演了 200 多場。張美娟過硬的功夫，風靡了西方觀眾，而她的絕活「打

出手」，在近 300 場演出中，成功率達到了百分之百。

江青任命 ──「五七京劇訓練班」

文革期間，文藝界翻天覆地，傳統戲一律禁演，戲校也停止招生。社會上只有「樣板戲」，但樣板戲也必須後繼有人，一切老的東西都被打倒了，如何培養人才？

江青此刻想到的，依然是武功形體都極其規範帥氣的張美娟。

早在 1967 年，江青批評上海《白毛女》芭蕾舞劇組動作不夠標準時就提出：「建議你們聘請張美娟做教師，教你們怎樣耍槍耍刀。」1969 年再次催促上海《智取威虎山》劇組：「可以找幾個姑娘讓張美娟帶。」

任務很明確：讓青年演員隨張美娟練功，以作為「樣板團」的後備力量。

「此事最大的難度，」張老師回憶說：「就是訓練必須既保留傳統精華，又不能露出絲毫傳統的痕跡。」如此艱巨的任務，也只有對傳統極其了解並能吃透融化的人，才能夠完成。

一時間，「練功小組」成立了，華文漪、楊春霞等一批優秀的尖子成了張美娟的學生。到了 1970 年 5 月 7 日，「五七京劇訓練班」正式成立，由張老師出任校長。

雖然有着濃厚的政治氣氛，但張美娟一向只管業務不管政治。加上在這之前她沒有參與演出現代戲，在舞台上無用武之地，丈夫又被關進「牛棚」，她正處於人生低谷與極度迷茫的時刻，這時有機會再度體現自己的價值，豈有不全力以赴？

▲ 與王品素老師（左）及張美娟老師（右）

　　她將全副身心撲在教學上，並利用了這段期間，實驗着自己一些對藝術教育的理念。比如：要求每個學員必須文武兼備；改善京劇練嗓方法，請來上海音樂學院王品素老師（歌唱家才旦卓瑪的老師）為同學練聲；借鑒舞蹈、體操的一些訓練方法（當然也是配合現代戲的需要），使得演員動作更舒展、身材更高挑。

　　這些舉措，起碼前兩條我是有切身感受的。張老師為了讓我的嗓子更上一層樓，後來也讓我去跟王品素老師練聲。這位慈母般的老教授，為我解決了好多發音上的難題。

　　「五七京劇訓練班」止於文革的結束。因為曾受江青的重用，張老師不可避免地受到牽連，身心再受打擊。幸而老師一直勤懇耕耘，從不趨炎附勢，經過近一年的「審查」，終於從無辜的政治風暴中徹底解脫出來。最後，張老師回到了京劇事業單位——上海戲校，為培育後進貢獻餘生。

隨師學藝

上面說的這些，我在認識張老師時是一無所知的。一來因她已多年離開舞台，二來她確實低調，從不在意宣傳，因此我們在境外，很少能了解到她的藝術和事跡。若我早知曉這樣一位了不起的藝術家來看戲，恐怕多少會感到緊張和惶恐。

張老師來看演出，也必然有目的。她收生肯定嚴格，特別是一個來自香港的學生，她必須親自過目。這裏有幾重原因：一是看看這個學生有沒有根性，如果毫無前途可言，那真是何必費這份勁。再者這個學生能否吃得起苦？第三，因為經歷過政治風浪，老師非常不願意有各種不實的揣測，甚至只是背後的竊竊私語。收一個香港學生，在當時來說，雖然已經不會扯上政治關係，但也許還是會引起一些閒言碎語的。這更須謹慎。

非常幸運，老師看完演出，我是初步「過關」了。

自此，我開始了最快樂幸福的學習時光。

老師先後為我說了《擋馬》、《大英傑烈》、《穆柯寨、穆天王》；並為我重新編排《盜草》、《水鬥》。在新編京劇《寶蓮燈》中，我是「一趕三」——前三聖母、中王桂英、後沉香。張老師為我設計了三聖母的長綢舞，末場沉香教了我一套很帥的長穗子劍舞和耍斧子。

在與老師近十年的相處中，我有幸得窺武戲之正宗，領略身段的無比邊式與講究。雖然離老師要求尚遠，卻是本着能繼承多少是多少的心態，一直拼命地學。在張老師的傳記裏，說我有「極強的吃苦精神和感悟能力」。這倒是真的，我一點都

▲　張美娟老師授我《寶蓮燈》

張美娟老師

不怕苦，也根本不覺得苦。非但不覺得苦，那些年，可以說是我一生中最輕鬆、心裏最踏實的日子，因為我每天都沐浴在一個既嚴格規範、又親切愉快的藝術氛圍之中。我可以完全的心無旁騖，我天天都有所得着。練了功，也煉了人。

張老師，永遠的感恩與懷念！

▲　我與張美娟老師

開荒牛

作為一個京崑演員，身邊沒有樂隊，沒有演員，沒有舞美，那簡直就是魚兒離開了水，本來是無法生存的。

讀過夏衍寫的散文《野草》嗎？他說：

> 你看見過被壓在瓦礫和石塊下面的一棵小草的生成嗎？它為着嚮往陽光，為着達成它的生之意志，不管上面的石塊如何重，石塊與石塊之間如何狹，它必定要曲曲折折地，但是頑強不屈地透到地面上來，它的根往土壤鑽，它的芽往地面挺，這是一種不可抗拒的力⋯⋯
>
> 因為它是一種「長期抗戰」的力⋯⋯不達目的不止的力。

我覺得，我就是這棵孤獨而死不肯罷休的小草。

為的是我已經「以身相許」的藝術，不可能轉移的愛。

有人問，你為什麼不參加內地的京崑劇團？八、九十年代，內地京崑院團是不會聘用一個香港人的。理由有幾：

一、與香港政策截然相反，他們重點培養的是自己人，並非外來的和尚好唸經。而且，當年香港的京劇，予人印象就只有「票界」。

二、好多政策上的限制，本團擺不平的事情。加上沒有人會相信一個香港女孩子會拋棄（與當年內地相比）優越的生

活和經濟條件，甘心當一名很多人（當時）都想改行的京崑演員。因此，也不會給予扶持。

我從來沒有從金錢價值去衡量這件事，也沒有考慮這個行業是在走上坡還是下坡，因為我心裏知道她的真正價值所在。

心繫香港

剩下的路只有一條：當開荒牛。在香港這片貧瘠的「京崑土地」上，不問收穫地默默耕耘。

這是非常不被理解的一件事，人們最多只當這是一時興起的嗜好。因此只要不是最熟的朋友，良久不見，見面第一句話總是：「你還唱嗎？」我怎麼說呢？除了簡單地點點頭。其實心裏是受傷的。

我心中嘀咕：如果我是個醫生、律師，你會說：「你現在還幹這行嗎？」甚至我是個跳芭蕾舞的，相信也未必有此一問。為什麼只有京崑，這個在國際上被視為「中國國劇」的藝術，卻似乎和香港扯不上任何關係？！

回歸之前，整個香港文化藝術都是「重西輕中」，要發展一個正統的、規範的傳統藝術，如同天方夜譚，「門兒」都沒有。然而回歸以後，強調的是「本土藝術」，要長遠地、有規劃地發展京崑，依然「沒門兒」。

我們可以有交響樂團、中樂團；芭蕾舞團、中國舞團、現代舞團，甚至「實驗劇場」式的團體，卻沒有中國戲曲體系代表 —— 京劇崑曲的一席位。

為什麼？因為政府層面中，太少人真的懂得、並體會過中國文化。

我回憶起我小時候去北京，參觀過北京的戲校，深深被那一個個踢腿的英俊少年所吸引。那種精氣神，那種心無旁騖；還有那彌漫在空氣中的端正之風，那種尊師重道⋯⋯我多麼希望成為你們中的一員吶！

後來，每每在電視裏看到報道上海崑大班（蔡正仁、華文漪等）小時候學習的情況，多少「明」師圍繞着這些幼苗，給予精心的灌溉、培育。而他們長大後，確實成了崑曲的頂樑柱。他們的一生，自然而然地和崑曲連在一起，崑曲的命運，就是個人的命運。我心裏充滿着羨慕，想起自己的艱難，眼淚只能悄悄往肚子裏流。

氛圍！就是這種藝術和傳統的氛圍，是香港最缺乏的。

我盼望着，有一天，那幅練功少年圖可以在香港出現。我希望把我學藝的快樂帶回來，把那種對藝術最崇高的敬意、最高境界的規範、最堅韌的刻苦精神、最溫暖的師生情，帶回我自己生長的地方。也只有這樣，我自己的藝術，才能有一個「家」。

但是，基於香港的實際環境，一切得從普及做起。

早於 1989 年，我組織了一次上海戲校學生來港演出。當時的主演有後來著名的史敏（史依弘）、胡璇、嚴慶谷等。我為此次活動命名為「菊壇新蕾吐清芬」，俞振飛老師還題字並寫了序言。這次演出的主旨，是把內地培育人才的成果、青年一輩的風采展示予香港觀眾。演出反響極好，而且達到每天都有劇評見報。我還把演員們帶到學校，為的是讓年輕人影響年輕人。這種到學校去演出、與學生零距離接觸的模式，在當時是牛刀小試。

一九六一年，我作為上海市戲曲學校校長，曾率首屆京崑畢業班學員，赴港公演《楊門女將》、《白蛇傳》等劇目，贏得各界讚賞，轟動一時。

相隔二十八年，上海戲校京劇班再度訪港，演員平均年齡十七歲，經名師悉心傳授，不乏獨當一面的好手。如胡璇、史敏、嚴慶谷、蔡際東等，他們朝氣蓬勃，勤學苦練，唱、唸、做、打基礎扎實，年紀雖小，身手不凡，在國內外已露光彩。

此次香港京崑藝術協會與上海海外聯誼會為他們提供赴港演出機會，實是做了一件宏揚京崑、扶掖後進的好事。不但使年輕演員們懷着激動的心情來港獻藝，更使他們能藉此機緣，得到香港京崑前輩的指點，促其技藝更上一層樓。若此舉能引起香港青年對傳統藝術的愛好與共鳴，並能交流切磋，從而培養更多京崑青年觀眾，無疑是我們大家共同的願望。

我以興奮的心情，代表籌備及參加此次演出的人員，向港滬贊助、支持的機構及朋友們謹致深切的謝意。

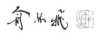

一九八九年五月

◀ 俞振飛老師為「菊蘭新蕾
吐清芬」演出場刊題字並
撰寫序言

金牌導賞節目 ——《京崑知多少》

時間過了 8 年，一直到了 1997 年，我開始申請到政府的一些資源，並將這個構思擴大、確立，編排出一套極其精彩、適合於大、中、小學的導賞節目 ——《京崑知多少》。

說其精彩，是因為每次演出，我都請來了一流水平的演員和樂隊。因為我秉持着一個原則，就是必須讓孩子們「一見難忘」。這第一次就必須是一種正確的感性認識，見到了真「玩意兒」。否則，效果只會弄巧反拙。

我們一行 18 人，生、旦、淨、丑齊全，「文武場」（樂隊）兼備，還有化妝、服裝、字幕等人員。所到的學校條件有優有劣，好的是一個規整的禮堂，較差的便只有一塊「空地」，也沒有舞台，甚至試過在一個小教堂裏神職人員講道的小範圍表演。學校一般沒有地毯，幸好演員功夫了得，穿着厚底照樣走「翻身」。後來，我們便每次都自己扛着地毯，帶着為《三岔口》特製的桌子，繼續「上山下鄉」。

作為講解的我，手頭沒有固定的講稿，只有一些要點。因為見大學生要講大學生的話，碰到小朋友就要講小朋友的話，內容上也不一定完全一樣。

我開始是一個人講，自 2000 年耿天元老師加盟京崑劇場後，有很長一段時間，我是與他搭檔，一個普通話一個廣東話。耿老師風趣幽默，是天生的主持。因此，我們的解說，確實做到了知識與趣味性並重。

▲　金牌導賞節目《京崑知多少》

這套節目和做法，曾被同行讚譽為「功德無量」、「校園導賞的先驅」。如今，這個節目已經有二十多年了，演出接近300場。

回想一下，曾經合作的院團，包括北京京劇院、山東省京劇院、湖北省京劇院、中國戲曲學院、上海戲曲學院等。好多舞台上響噹噹的藝術家和樂師，當年都曾經為小朋友們表演。而不管是哪個年齡段的同學，要麼屏息凝神，要麼歡欣雀躍，皆完全投入其中。最有趣的，莫過於小學生看摸黑打鬥的《三岔口》，居然緊張地跑到台口對演員說：「他在你後面……他在你左邊！」這種情況，不止發生在一、兩間學校。

有人問我：讓年青人喜歡京崑困難嗎？

我的回答總是：不管是年青人還是外國人，我從來沒有遇到任何困難。問題的關鍵，是你和他們分享的方法（我極不願意用「推廣」一詞）、切入點是否恰當、讓他們看的東西是否過硬。

這二十多年間，我得到太多鼓舞人心的回饋：

- 空前感動，拍掌叫絕
- 選材、時間、安排上恰到好處
- 透過精到、深入淺出、傳神的講解，欣賞到既精彩又有趣的示範表演，在香港難得一見
- 反應非常熱烈，對各演出者之精湛藝術表示激賞；有學生說：現在方才知道什麼叫「表演藝術」

而下面這一句，更是表達了最誠摯的鼓勵，也仿佛看到了一顆初心：

再接再厲，弘我文化，育我根苗！

《演京劇學普通話》

2000 年，我從過去一些如《聽歌學英文》等節目取得靈感，希望通過演一個小戲，讓小朋友既學到普通話，又潛移默化地得到一些戲曲的薰陶。

但是，真正的京劇裏，適合兒童的劇目實在不多，特別是香港的小朋友，普遍對於傳統戲沒有任何印象，而且戲裏用的要麼是韻白，要麼是京白，並不太切合我的需要。

當時我想，要和孩子的學習掛上鉤，他們才容易懂。結果，我想到了成語故事。

我把這個改編的任務交給了耿天元老師，要求是：唸白多，唱段盡量少，但要用上戲曲虛擬手段和鑼鼓點子。

未幾，第一齣成語小京劇——《瞎子摸象》出現了。全齣戲只有幾句唱，其他全是對白。當然，瞎子們要「過河」才能摸到象，這中間就加插了坐船的許多虛擬動作。記得有一次在一間小學裏，輪到一個同學「上船」了，她突然止住腳步，面帶難色，老師問：「為什麼不跳呀？」她說：「我暈船！」雖然是一個意想不到的反應，但也可見他們的投入程度。

接着，《狐假虎威》面世。小演員們坐在課堂的椅子上模擬聽課，老師在教成語。講到森林裏各種動物時，同學們把椅子一轉，自己蹲在椅後，場景馬上到了森林。然後隨着鑼

鼓點，不同的動物出現 …… 最後，椅子再轉回來，同學們又坐在了課室，正好老師也講完，下課了。

什麼是「環境帶在演員身上」、「時空隨心」、表演節奏化等，根本不需要導賞，同學們在玩樂中就學會了。

再之後，還有《指鹿為馬》……

每一間學校、每次上課、每個同學都學的極其開心。有的學校還以這個節目參加了香港文學節。記憶中有一個憨厚可愛的小男孩，在一次學校匯報演出後跑過來跟我說：「以後還有嗎？要有我還參加！」

一句充滿期盼的話，溫暖着我的心。當年香港小孩還是比較靦腆，要他們明確主動表達心中所想，並非很容易的事情。但我慚愧不能放聲開心地對他說：「以後還有！」因為我實在不知道任何計劃的前景。

一直以來，不管如何絞盡腦汁去構思、創編的項目，不管這些項目的成效有多高，可歎的是沒有一樣可以有延續性。因為當時的資助制度總是傾向不斷有新的計劃出現，卻完全忽略一個難得的藝術教育項目，更需要的是細水長流。

由於政策、機緣與資源等問題，即使通過不同渠道的申請，《演京劇學普通話》只維持了 4、5 年，《京崑知多少》也是屬於「吃了上頓沒下頓」（這是我對任何計劃的切身感受）。

曾經盼望與教育局合作，每年讓我們到一定數量的學校作導賞演出；又或根據中、小學課程設計節目，讓同學在欣賞、學習戲曲的同時，亦能鞏固學科。但這些都只是一廂情願的美好願望。

為什麼還要幹下去？很多人不解。只有我自己明白：那一雙雙全神貫注的眼睛、一張張興奮忘情的笑臉，就是我最大的安慰。縱使前路茫茫，但我知道，一顆傳統文化的種子，已經輕輕地埋在孩子心裏了。

普及培訓

在這些年間，我們同時做了大量的普及培訓活動，比如「藝術家駐場計劃」、「社區文化大使計劃」、與大專院校合辦的工作坊等。

歷年辦的課程種類繁多，有唱腔、把子（兵器的運用）、形體訓練、打擊樂、臉譜、化妝、折子戲等。

目標除了讓大家有機會跟好老師學習，最主要是經過三個月的培訓後，我們會舉辦一次結業演出，為的是讓學員經歷一次舞台實踐，融入一種非常有系統、有紀律的專業氛圍，從而培養對藝術的正確態度和團隊精神。

這也是我秉持的另一個原則：雖然是業餘活動，但只要參與進來了，就要按照我們的精神和規矩，不能帶着一種「玩耍」的習氣。反之，應該主動讓自己去接受這種氛圍的薰陶。曾經有學員換上戲服得意忘形，還沒演出就拉着別人去台上拍照，儼如遊客到了新鮮地方的勁頭。這些都受到了嚴厲的批評。我認為，傳統藝術傳承的本身，就是一個「育人」的過程。而最終，同學是會享受在這種「正氣」之中的。

▲ 學生結業演出

開荒牛

▲ 結業演出中助興表演

　　　　　　　　心・路 ——鄧宛霞藝術人生文集

以下是一些學員的感言：

一群本來互不相識的人，在老師帶領下變得互相合作、團結，在互相提點下完成結業演出，難能可貴！「團隊精神」最享受！「共同努力」最愉快！

老師們和各工作人員對有關演出的每個細節都非常認真，不論台前幕後任何一個環節都絕不馬虎，學員們恍如置身於一個專業劇團中，而不是一個一般的工作坊。

從練習時最最基本的動作、神態，到最後上舞台完成一個完整的演出，伴着那些奏樂，仿佛能感覺到和某種中國文化的傳統有所連結，有什麼東西一直沒有斷掉的綿延流長。這對於我而言，是真實而切身、也很寶貴的一個體會。這種和傳統的連帶感，會讓我格外珍惜自己的身份，和身處的傳統。

新秀培育

2012 年，因為中大的一個工作坊，讓我碰到了三個可愛的女孩：張靜文、鄒焯茵和劉麗麗。和她們，都各有一段很深的緣份。

甫見面時，麗麗羞澀，一副信心不足的樣子。後來，一個機緣巧合，她鼓起勇氣給我發了電郵，說想到京崑劇場來幫忙。就這樣，從 2013-17 年，從還在唸本科到碩士畢業，從

▲ 與學生蔡玉珍（後排左一）、張靜文（後排左二）、
鄒焯茵（後排右一）、劉麗麗（前排）攝於《京崑劇場：
香港青年演員展演》後台。

兼職到全職，麗麗一直在我身旁。她是一個心地非常善良、
非常負責的孩子。有一次下班快回到家了，她突然感覺不知
自己鎖沒鎖公司的門，於是馬上跑回去看個究竟。那些年我
對她是嚴格的，有時也許太要求完美了，連她都忍不住「火
爆」起來。我沒生氣反倒覺得好笑，心想，讓她改變改變「形
象」也好。也許工作年頭較長，加上自己的喜愛，麗麗熟悉
劇場每一個活動、每一張劇照……現在的她，謙遜、內秀，
早已從喜歡撓頭、吐舌頭的害羞女孩，變成一個懂行、有效
率的工作人員。2018 年第三屆《京崑劇場：香港青年演員展
演》，26 歲的她已身任舞台監督，可以指揮別人工作了。

　　靜文是香港少見條件好的學生，有閨門旦氣質，不太費勁
就能做到字正腔圓，身上也很正。用她自己的話：「自小便熱

▲ 崑曲《白蛇傳·遊湖》
張靜文（左二）飾白素貞
蔡玉珍（左一）飾許仙
鄒煒茵（左三）飾小青

▲ 崑曲《玉簪記·偷詩》
蔡玉珍（右）飾潘必正
張靜文飾陳妙常

愛京崑藝術。到大會堂看過表演後，落幕時會激動得流淚，
興奮羨慕整夜縈繞心頭，難以排遣。」

　　煒茵比較活潑，更接近花旦。她學習非常努力，咬牙。記
得頭一次「勒頭」不習慣，她臉青唇白噁心也不吭聲，堅持
把所有都排完才衝到廁所去……

　　二人在工作坊後均無去意，都要求繼續學習。

　　兩個極其熱愛京崑的女孩，正好配成一對：一個白蛇一個
青蛇，一個杜麗娘一個春香，再加上大師姐蔡玉珍（小生），
就又有了許仙和柳夢梅，可排的戲就多了。

　　又是一次演出的機緣，二人從 2013 年開始接受密集嚴格
的培訓。從在大學演出一小段、在我的戲裏跑宮女，到自己
擔綱在三屆青年演員展演中演出，再隨我在北京第十屆「中

國國際青年藝術周」閉幕式我的專場中亮相,之後又到新西蘭及在 2019 年「中國戲曲節」裏演出,一路行來,經歷了多少苦與甜,徬徨與欣喜。2018 年,京港聯合匯演的校園版《牡丹亭》,她們榮幸地成為了香港的代表,演出〈遊園〉片段⋯⋯

在香港,碰到有天賦又肯吃苦的孩子不容易,在沒有堅實後盾與架構(比如戲校、劇團)下培養成今天這個樣子更是難上加難。我盼望,若還有路的話,她們的路會比我好走一些。

下面,是我在第一屆青年演員展演(2016)場刊上寫的序言,它如實地記錄了我的思緒與心情。

寫在演出前

小時候,母親總愛領我去看京劇,包括在我們家附近的「荔園」遊樂場上演的,乃至偶而來自國內的頂尖藝術家,都不會錯過。那時我很享受劇場裏快樂鬆弛的氣氛,觀眾與演員的互動,掌聲與叫好聲此起彼落⋯⋯當時看戲的人屬於一個特殊的小圈子──都是清一色的「外省人」。

由於母親對京劇的熱愛,在我才兩、三歲的時候,就有一位師父天天到家裏來教她唱戲。耳濡目染,使得我從小一聽鑼鼓聲便有一份莫名的振奮。至六、七歲,母親更送我到當時香港的科班學藝,甚至聘老師在家中教授。再後來,因為對古今中外的藝術見識廣了,對京崑越發難捨難離。我北上拜師、練功、排戲、演出,走上了一條異乎

尋常的道路。

這也是一條孤單的道路，多少年來，沒有幾個人能理解這份鍥而不捨、百折不回的執着。這裏的艱辛、坎坷、徬徨，自不在話下；然其中的「樂兒」，中國文化那種讓人如沐春風、京崑藝術那種能將表演者的才情發揮至極致的魅力，又豈是非親身經歷的人所能理解的？

我的艱難，我的快樂，我從未奢望有人能分享。然幾十年之後，情況似乎有了質的變化。上天居然送來了一些對京崑痴迷的年青人，他們不是「外省人」，而是地道的、土生土長的香港人。雖然前途依舊迷茫，但他（她）們刻苦努力，跟着導師，隱隱約約地追求着一個夢想⋯⋯

這個夢想，最終會否實現，我並不知道。但今天在這台上，包含了他（她）們數載的汗水與求藝的決心，展示出他（她）們藝術上和為人上的整體成長。當然，這一切離不開老師們永不厭煩的傾囊而授。

京崑藝術其實離我們不遠，香港更是在朝着國際文化大都會邁進。只盼在不太遠的將來，成為一個京崑演員，不再是匪夷所思，而是人所羨慕的一份光榮和驕傲！

中
篇

西方藝術營養

默劇

　　舞台上空空如也，就如那「萬古長空」；台上只有他一個人，他就是那「一朝風月」。他可以「呼喚」出任何人物、場景、情節，如非親眼目睹，很難相信他身體語言的創造力竟達到如斯境界。他就是 Marcel Marceau（馬塞·馬素）。

　　除了高超的形體技巧，他的作品，幽默中見深意。他是用靈魂去演繹一切的，即使只是雙臂隨着音樂一抖（譬如《創世紀》裏象徵萬物甦醒、生長），你的心靈就會隨之一顫。

▲ 默劇大師 Marcel Marceau

以下是八十年代我寫的兩篇專欄文章，除了表達我對這位大師的崇敬，或許還能略窺其精彩表演之一二。

疑幻疑真

世界上我最佩服的藝術家之一，是法國默劇大師馬塞‧馬素。

記得我在外國唸書的時候，平常省吃儉用，但只要有他的演出，我必買最貴的票子捧場。聞知他最近又要來港獻藝，雖然其作品十之八九我已看過多次，但仍極渴望再睹風采。

馬素的演出，格調非常高雅，簡明清爽。台上沒有絲毫道具、佈景，也沒有一句語言。

在每一項目開始之前，他的「拍檔」會向觀眾展示寫着一個節目名稱的條幅，然後暗燈，「報幕者」消失，馬素隨着音樂上場。

整個晚上，你一定會被他所迷惑。這位大師用他的眼神、表情，與經過嚴格訓練的身體，帶你遊歷任何時空、任何場合與境界：

法國小咖啡館裏，有人狼吞虎嚥，有人斜倚着酒吧在高談闊論。「差利」式的侍應生舉着托盤，穿梭於廚房與飯廳之間，不時被客人喊得暈頭轉向……

一個求職的小人物，來到一家大公司，碰上各式各樣的官僚主義，一個指東，一個指西，害得他兜了好幾層樓，到最後還是找不到要尋的地方；

一個瓷器店的小店員，在老闆的命令下，攀高爬低為顧客取貨品。梯子又高又抖，拿在手上的又是易

碎之物，正是一步一驚心，連看者也為之捏一把汗！

神話裏的巨人哥利亞在追逐一個小孩，結果被聰明的孩子用石頭擊中腦袋；

馬戲班的馴獸師威風地高舉圓圈，讓獅子穿躍過去。獅子不從。他降低圈子高度，牠不理。他哀求，獅子準備起跳，他大悅，誰知獅子只跳下了架子，施施然從圓圈下踱步而過⋯⋯

工匠在試戴他親手造的各種表情的面具，殊不知戴上一個「笑臉」後卻無法脫落，急得他活蹦亂跳，如熱鍋上的螞蟻。然後，一句沉鬱音樂的響起，面具終於被慢慢拉下，露出了一張經過掙扎焦慮後極度疲憊的臉⋯⋯

台上沒有面具，沒有梯子，沒有熙攘的酒吧，更沒有各式打扮的人群和動物。從頭到尾，只有同一服飾、同一化妝的馬素。

他用一個人的力量，以幽默、嘲諷的「語調」刻劃出人生百態。別人千言萬語無法表達，馬素幾個動作可以發揮得淋漓盡致。

是幻是真，未看過的朋友，又豈能體會箇中之神秘魅力！

再談馬素

再次看默劇大師馬塞・馬素的表演，果然沒有令我失望。比起年輕時，雖然是減去了一些形體上難度高的動作，但依舊傾倒全場。

此次演出乃區域市政局主辦，地點設在沙田大會堂。

原以為多少會影響票房，誰知照樣高朋滿座，掌聲、笑聲不絕。這位藝術家已經達到無論在何時何地演出，觀眾自會追隨的地步。

馬素的表演，沒有一絲冷場，從頭到尾你的眼睛都捨不得離開他。而且在節目的設計、選材上又極具心思，一個看似詼諧惹笑的小品，其實充滿人生哲理，使你看後回味無窮。

觀他表演，我甚至在一剎那間有過這樣一個奇想——希望自己也是一個默劇演員。能以一個表情、一個手勢，表達無限的感情，給人們帶來歡樂，這不是很美妙嗎？

一個真正的藝術家，往往能引起別人要去效仿的衝動。

而具有這種感染力的藝人，必定是因為自己首先對藝術如癡如醉。

馬素五歲時，其母帶他去看差利卓別靈的默片，自此他就崇拜差利若神，隨着他歡笑、哭泣，並暗下決定要成為一個默劇演員。

他開始模仿雀鳥飛翔的動作，花草樹木的形狀，觀察蟲魚無聲的語言。正如他自己所說：「與一切在我周圍活動的東西融為一體。」

不久，他還帶領街童成立了有史以來第一個「默劇團」。他們以破手帕製成一面旗子，在街道上遊行、表演，幻想自己是拿破崙、魯賓遜、凱撒大帝，當然還有差利。這群「小演員」把看過的影片，知道的歷史故事，一一以自創的方式表現出來。

20歲那年，馬素正式進入戲劇學校攻讀。前輩的

影響，個人的才華加上不斷的鑽研，馬素終於成了一代宗師。

他的藝術能感人，乃由於藝術先觸動了他的心。在今天這個偏重「純技巧」的年代，能真正用心靈去演繹的，實在是太稀有了。

音樂

古典音樂中，聽得最多的是管弦音樂會與鋼琴獨奏會。親睹的指揮大家有 Leonard Bernstein（伯恩斯坦 —— 也是《夢斷城西》的作曲）、Seiji Ozawa（小澤征爾）等。有一次看 Ozawa 的演出，我坐在台上的觀眾席，如同樂手般正對着指揮，看得特別清楚特別開心。尤其是他「安可」時乾脆放下指揮棒，整個人完全融入樂曲中，與團員間以心氣相傳的神態。

我親聆的鋼琴家也真不少：Arthur Rubinstein、Wilhelm Kempff、Claudio Arrau、Sviatoslav Richter、Emil Gilels、Alicia de Larrocha、Maurizio Pollini……

然其中最「怪誕」、卻無愧為一代大師的，非 Arturo Benedetti Michelangeli 莫屬。

這位大師獨特、低調，據聞二戰時曾為飛機師，後來又愛上賽車。他追求完美，容不得半點錯失。至於有何「怪行」，藝術造詣若何，且看一段 1982 年我為雜誌《音樂生活》寫的短文：

樂壇怪傑 Arturo Benedetti Michelangeli

不久前在洛桑聽了 Michelangeli 的演奏，印象之深，是其他鋼琴家所不能比擬的。

說實話，能聽上他一場音樂會可不是易事，這位藝術家的怪脾氣早已為世人所知，取消音樂會屬家常便飯。記得朋友有一次到蘇黎世聽他的協奏曲，他的專用琴因未能準時抵達會場，耽誤了他的「熱手時間」。原定八時正開場，可是時間不足，狀態未如理想，結果着人硬把音樂廳大門關閉，一個人也不放進去，聽眾只好硬生生地站在西風凜冽的街道上等……好不容易挨到八時四十五分，大門開了，一個人走出來道：Maestro Michelangeli 最後決定取消今天的音樂會……（一片騷動）但！不要失望，各位可於 X 月 X 日再來，他將為大家演奏兩首協奏曲，以示彌補。

可以想像當時的情景，尤其是那些人如鐘錶（規矩刻板）的瑞士老太太，無端罰站三刻鐘，結果還是一無所獲，能無怨言嗎？幸而這位大師後來還真履行了他的承諾，在 X 月 X 日，準時開場，也彈了兩首協奏曲，以答謝各位的容忍與厚愛。

暫時擱下他的怪異，且看看他的藝術。

Michelangeli 的演奏不是那種氣壯山河，令你熱血沸騰。相反，他瀟灑自若，活像一位遠離塵世的貴族在吐露心聲。他的手好比魔術師的手，能用最細緻的動作，使樂曲變化得如此的出乎意料，令人驚嘆，讓人窒息。指觸之靈敏，對琴鍵的感覺，以及他對色彩的隨心所欲，實在令

人嘆為觀止。

印象極深是最近聽他的蕭邦奏鳴曲（op. 35），在〈葬禮進行曲〉一段，首末的沉重、憤慨，中段的悲涼與無奈，都深深扣住了每一個人的心。特別是中段那一幕對英雄深情的追思，使你不自覺地緊抿着氣，生怕一絲絲的呼吸，都會蓋過他那絕倫的 Pianissimo（極輕的音量）。緊接的第四樂章，如狂風暴雨前大地抑壓、隱藏的騷動；如風雪夜裏幽靈的竊竊私語……藝術家像一位風神，自始至終只吹了一口氣，這口氣貫穿了整個樂章。那種因對鍵盤極致的控制而達到的一氣呵成，可謂已臻化境！

Michelangeli 無疑是至今一等一的鋼琴家、藝術家。他演奏的曲目比很多人都少，但對質的要求和保證，卻是超乎尋常的。

他每次演奏會都能讓人起立歡呼，使人回味無窮。雖然「失約」行徑使人沮喪，但只要琴聲一響，你自會忘記他的荒誕，為他的藝術所融化！

歌劇

在歐洲學習時，除了鋼琴，我私底下也去學歌唱。因為完全是為了豐富音樂知識與修養，所以特別沒有壓力，也從不介意到底唱得如何（當時學的有藝術歌曲、歌劇詠歎調等），反正只是享受上課的過程。

我的老師 Carmen Gracia 是西班牙女高音，她教我的時候已經退出舞台，但她對我說過她的輝煌：十幾歲於美國大都會歌劇院演出，並由當時最負盛名的 Toscanini 指揮。

▲ 我的聲樂老師 Carmen Gracia

　　老師的聲音有一股攝人的力量，使得你可以在完全不懂歌詞下莫名地流下淚來。她的音色絕不亞於其好友 —— 也是西班牙女高音、世界聞名的 Montserrat Caballé。也許是偏私，我覺得老師的音樂處理，好像更能觸碰我的心。

　　十幾二十歲的我，非常羨慕她似乎連熱身都不需要，嗓子永遠「在家」，出口就那麼亮堂，那麼自如。因為她的影響，我愛上了 Puccini（普契尼）、Verdi（威爾第）。及至今天，我可以對着一些名段一整個下午，徹底忘我地沉醉其中。我喜歡 Domingo（杜鳴高）雄厚深情的嗓音，特別喜歡他在「三大男高音」1996 倫敦音樂會所唱的〈E lucevan le stelle〉（今夜星光燦爛）。比起較年輕時，少了幾分「火氣」，更顯內斂與爐火純青。我有幸親眼看過他的演出，記得那是在紅館，當天堵車，我差點遲到，為了不錯過一分一秒，我把車隨便扔在馬路邊，到場後幸虧還來得及。演唱會完畢，我帶着滿足的心情離去，可幸者，並沒有被抄牌！

另一個世紀聲音當然是 Pavarotti（巴伐洛堤）。那舉世聞名的〈Nessun dorma〉（今夜無人入睡），那響徹雲霄、如水晶般的通透，那種從容與毫不費勁，是上帝賜予人間的禮物。

至於永恆的 Maria Callas（卡拉斯），那是難以用語言形容的。她的聲音：高低、強弱、伸縮、力量、輕巧，簡直是無處不達，隨心而發。能夠把花腔與戲劇女高音都唱到這種境地的，至今依然後無來者。她是歌劇真正的「La Divina（女神）」（歌迷對她的暱稱）。

這些西洋歌唱楷模，很大程度影響了我對聲音、音色的追求與品味的形成。

舞蹈

舞蹈對我來說並不陌生，因為姐姐的事業是芭蕾舞，姐夫也曾經是德國舞蹈團的獨舞演員，Pina Baush（翩娜，舞蹈劇場之母）是他的同學與好友。所以我對這個氛圍是熟悉的。

1968 至 1972，姐姐與文漢揚領頭，與一班舞者成立了香港第一個半職業舞蹈團，取名 Hong Kong Ballet for All。這個名字原來也有一段來歷。

早於那個年代，英國皇家芭蕾舞團為了普及藝術，同時讓新秀得到跳主要角色的鍛煉，成立了一個 8 人外展小組，名為 Royal Ballet for All。這個小組到處巡迴，而那 8 個人也有明確分工：4 個舞者、一個領隊兼講解、一個服裝、一個司機、一個伴奏。

姐姐在倫敦皇家芭蕾舞學校時，校方還特地放了她一個禮拜假，讓她跟着小組到處跑，以作實地觀摩體驗。

▲ 我的姐姐鄧孟妮

▲ 文漢揚、黎海寧

回港後，她先後成立了自己的學校和「for All」（團的簡稱），我因此有很多機會與這些哥哥姐姐們一起聚、一起玩（當然在他們眼裏我還是小孩）。「玩」得最盡的一次，是接受當時舞團編舞／舞者黎海寧的「邀請」，在她的一段現代舞裏充當一員。哈哈！我居然參與了現代舞的演出，而且這段舞有不少是 ad.lib（即興發揮）。我也是膽大包天，雖對現代舞一竅不通，卻敢在台上「胡作非為」，並舞得不亦樂乎！也由此，與黎海寧結了緣。2016 年，她再次邀我（這回是真的邀請了）與香港舞蹈團合作，在《紅樓‧夢三闋》製作中演出她的作品〈夢未完〉。

我們只聊了一兩次就達到共識，我對她非常信任，知道她會讓演員充份發揮。

其結果，〈夢未完〉是我至今看過最好的舞蹈、戲曲跨媒介演出。我參與的三段：一段生行的獨白（紅樓夢引子）、一

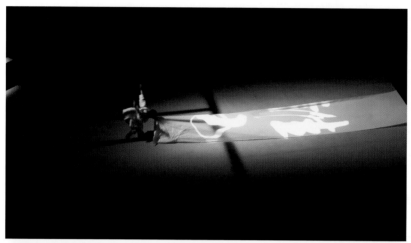

▲《紅樓・夢三闋》之〈夢未完〉劇照
　（下圖：劇照由香港舞蹈團提供，攝影：Stephen Mut）

段旦行的演唱（枉凝眉）、一段書法即席揮毫，可以説是別具特色與非常過癮的表演。末場投影在地上、隨着音樂節奏而轉換的巨型書法，更是有着極其震撼的效果。

在歐洲，特別是對於拉丁民族而言，舞蹈有時普遍得就像街頭的一道風景。我曾經有緣看到這樣一幕：

傍晚的西班牙，廣場上，街燈下，一對男女隨着結他翩翩起舞，旁邊的人擊掌以伴。男的高大俊朗，女的嬌媚迷人，奔放熱情中沒有失去女性的高貴與矜持。先是男女各自獨舞，各展所能。氣氛變得越來越熱烈，這對男女互相吸引着，跳起了雙人舞。節奏在加快，擊掌的人越加起勁，有些擊在強拍上，一些則在弱拍上「搶」，構成一種獨特的節奏，一種比旋律還要讓人心動的音樂。男和女的舞姿與眼神裏散發着不可抗拒的魅力，他們的身體越來越逼近，幾乎貼身而過⋯⋯然精彩處，便是實際上雙方始終都絕不相碰！

至於「殿堂級」的舞者，我也有幸不乏薰陶。小時候媽媽説 Fred Astaire 的踢躂舞舉世無雙，那種優雅、精準、完美；藕斷絲連、延綿不斷的氣韻，讓人心裏有説不出的舒服。

長大後，曾在米蘭 La Scala 看過兩位當代芭蕾舞巨星 Rudolf Nureyev（雷里耶夫）和 Mikhail Baryshnikov（巴里殊尼哥夫）的演出，而且是他們二人共舞！

我還親睹了 Maurice Béjart（貝嘉）的《Bolero》：巨大的桌子上，一個女獨舞者，隨着音樂，引人遐想的動作由細微到激烈；漸漸地男舞者加入，為數越來越多，他們圍着桌子，烘托着桌上的女孩起舞⋯⋯

這個舞蹈的音樂是 Ravel 的《Bolero》。這首神奇的樂曲，基礎節奏只有兩小節，自始至終不斷在重複（ostinato），由一個或多個小鼓演奏着。旋律也只有兩組，交替進行，變的只是由不同的樂器奏出。作曲家要求一個非常穩定、持續的節奏，不能隨意加快（整首曲子應在 17 分鐘左右完成）。全曲製造了一個整體的漸強，不斷加強的配器與聲量，音樂與舞蹈的絕配，彌漫着一種不可言喻的神秘、性感與張力。

　　記憶較深的還有美國黑人舞蹈團 Alvin Ailey，其中拿着扇子與小凳子的舞蹈；Stuttgart Ballet（斯圖加特芭蕾舞團）的《馴悍記》、Margot Fonteyn 與 Nureyev 的《睡美人》等。

　　當然少不了我的至愛《Giselle》（吉賽爾）。那讓人心碎的音樂與舞姿，那動人肺腑的深情 —— 女主角為他傷心至死，成了幽靈，卻還是要違抗命令，不忍傷害曾經讓自己傷心欲絕的愛人⋯⋯ 我每次看第二幕時都會哽咽。

　　至於我親身參與的芭蕾舞演出（不要怕，這次絕不敢跳了），那是為我姐姐學校的學生演出《Les Sylphides》（林中仙子），作全蕭邦音樂的鋼琴伴奏。

　　上面的所有這些經歷、見識，多年來大大豐富了我的藝術視野，開闊了我的眼界。了解「彼」，其實更容易看到「己」。不管是中是西，達到這種高度的，都是人類的寶貴遺產。

　　如果說中國藝術是含蓄超脫、哀而不傷的，那西方藝術，就是在塵世中盡情去打滾，直瞪瞪地看着那讓人目眩的大千，實實在在去感受那甜美與苦痛、迷茫與失落、狂喜與狂悲！

電影至愛：E.T.

喜歡看電影這個愛好，我一直保持至今。

家裏安裝了 Netflix，除了新製作，還可以重溫不少老片。更因倒帶和快進都由自己掌握，可以集中欣賞精彩片段。這就好比京崑觀眾喜歡看「折子戲」，我這是看電影中的「折子」—— 品嚐精華中之精華。

這裏當然少不了我的摯愛《E.T. 外星人》（*E.T. The Extra-Terrestrial*）。

片中的主角 Elliot 是一個溫和善良的小孩，ET 是遺落在地球的外星人。（很醜的樣子。但所有其他電影裏不管是外星人或妖怪總之是非「人類」，沒有一個像 ET 醜得那樣可愛，那樣真摯！）

Elliot 把 ET 藏在家中，二人建立起深厚的友誼，Elliot 並一路助他聯繫同伴，最後返回到自己的家園。

以下的四幕是我的「必看」：

（看過此片的朋友也許會有共鳴，未看過者也只能聽我在這兒緬懷過癮了。）

（一）ET 看漫畫得到靈感，以玩具、衣架、齒輪、雨傘等製成「通訊器」，希望能藉此聯繫同伴，把自己帶回原來的星球。ET 在地球短暫的日子，只能牙牙學語地說出幾個字 ——「ET phone home」（ET 打電話回家）

（以下便是我集中看的段子）

Elliot 趁萬聖節帶 ET 喬裝外出，為的是到野外築起 ET 自製的土裝置。

Elliot 踏着自行車到了樹林，到達某處時，他說後面的路太顛簸了，得下來走。說時遲那時快，坐在車前面籃子裏的 ET，猛地驅動車子急速往前衝。想是 ET 覺得走路也太慢了，於是使出本領，帶他的小伙伴空中一遊。

自行車飛快衝離地面，往山下滑落，再弧線升起，隨着那標誌性的配樂，他們飛天了！Elliot 初時驚訝，後來驚歎、歡欣；慣於飛來飛去的 ET，雙手搭在籃子上，是那樣的氣定神閑……整個畫面仿佛在說，不可思議的事情，在孩童身上，其實是如此的理所當然與自然不過。

他們自由地在空中飛翔，越過森林、草地，天空中出現襯托這兩個孩子的巨大月亮……

這是經典中的經典，我每次看到此處都有一種莫名的激動，像是心靈的解放，像是夢想的實現，很難形容。

(二) 美國政府及太空部門逮住了 ET —— 一個外星人送上門來，焉有不捉拿研究的？！

ET 與 Elliot 都病重（因為兩人有心靈與身體上的感應），大堆醫生用人類笨拙的方法在「搶救」，在折騰。

Elliot 對隔床的 ET 說：「Stay with me. I'll be right

here.」（撐住，我就在這兒！）ET 越來越疲弱，反過來叫 Elliot：「Stay, stay…」（撐住、撐住……）然後兩人的連繫與感應就斷了。

醫生們口中唸着成串艱澀難懂的醫學名詞，ET 終究沒有撐過去。

ET 所有生命跡象都停止了，他們允許 Elliot 單獨與他相處片刻。Elliot 含淚作最後道別：

Look at what they've done to you… I'm sorry…
You must be dead, 'cause I don't know how to feel,
I can't feel anything anymore.
You're going someplace else now.
I'll believe in you all my life… everyday.
ET, I love you.

看他們把你弄成這個樣子……對不起……
你一定是死了，因為我不知道怎樣去感覺，我什麼也感覺不到了。
你要去別的地方了。
我一輩子都會與你同在……我生命中的每一天。
ET，我愛你。

Elliot 難過地關上冷凍箱，正準備離開，卻下意識地看到桌上殘敗的花朵在復甦，他突然靈光一閃，難道 ET 回生了？！他返回去，打開箱子，拉開裝着 ET 的塑膠袋拉鏈，只見剛才已寂然的 ET 睜開

了大眼睛，充滿童真與喜悅說：「ET phone HOME! Home, ET phone home!」（ET 打電話回家！家！ ET 打電話回家！）然後興奮地重覆着「家，家，電話，電話，Elliot，Elliot……」（這是 ET 僅有的語言，他第一時間告訴好朋友，成功了！打電話成功了！他們會來接我！）太開心了，ET 沒法停住說話。Elliot 生怕別人發現，趕緊堵住他的嘴，拉上塑膠袋，用毛巾蓋着他那充滿着生機、正閃爍着紅光的心臟，然後撲在冷凍箱上裝哭……

多麼真情的一幕！

當我看見復甦的花朵，我感到這是生命的力量。這是每個人都應該有的、循環不息的生命！

每個人都會「死去」，唯真情與愛，還有便是尋回了「家園」，可以讓我們起死回生！

（三）一眾人等哪肯放過 ET，警察追逐 Elliot、他哥哥和他的同學，五個小孩使出飛單車絕技，勝利脫險。正開心之際，那幫人突然從後面閃出。Elliot 領頭使勁往前衝，但前面警車已在等候，正是前無去路後有追兵……ET 依舊坐在 Elliot 車前的籃子，他見狀心裏已有主意，裹着白毛巾的頭往天空一揚（也是給觀眾一個預示）。單車還在飛速前行，警察舉槍，Elliot 閉眼，沒有勇氣再看下去……就在這千鈞一髮之際，ET 從喉嚨發出一個聲音，隨着振奮人心的音樂，他帶着小伙伴再次凌空飛起！眾人只落得目瞪口呆！

他們越過重重障礙，越過房舍與樹林，這回，在天空襯托孩子們的，是大大的夕陽⋯⋯

又一次熱血沸騰，太帥了！沒有任何東西能擋住真、善和愛！

（四）太空飛船來接 ET 回家，Elliot 與 ET 話別。
ET 會的語言非常有限，他深情地看着 Elliot。

ET：Come.（來）（與他一起走）

Elliot：Stay.（留下）

ET：（指指心，碰一碰嘴唇）Ouch!（一般傷、痛會發出的聲音）

Elliot：（同樣的動作）Ouch!

　　　　（離別是傷心的）

　　　　（兩人擁抱）

ET：（用他的長手指指了一下 Elliot 的額頭，手指發出亮光）
　　I'll be right here.（我就在這兒）

Elliot：Bye!（再見）

極有限的語言，表達了無邊界無條件與極純真的愛，看得人熱淚盈眶⋯⋯

這是史匹堡（Steven Spielberg）極出色的一部作品，也是我最喜歡的電影之一。據説史匹堡年少時因父母離異，為排遣傷心寂寞，想像出一個陪伴自己的外星朋友。這便是 ET 的藍圖。

科幻片不賣弄古怪新奇，卻落墨於真情。

　　導演能將自己兒時的幻想，物化成一部偉大的電影，創造出如此意想不到、無與倫比的 ET 形象，實乃奇才，大師也。此片編劇、音樂創作，更須記一頭功。

Professor John Minford

認識 Prof. John Minford 閔福德教授，是因為報讀了一個他撰寫所有教材的課程 —— Culture and Translation（文化與翻譯），裏面分了 9 個大章節，我濃縮總結為：概論、宗教、神話故事、哲學、詩詞、紅樓夢、武俠小説、政治、香港特色。

每章都是一個厚厚的大文件夾，內含豐富的文化知識、有趣的小故事和隨附的參考讀物。這裏從來沒有教你什麼翻譯理論和技巧，而是着重提高你對於中西文化差異的敏感度，並告訴你高手是如何處理這些問題的。舉個例子。

John（閔教授喜歡我們這樣稱呼他）在牛津大學的導師、後來共同翻譯《紅樓夢》的戰友、最後成了他岳父的漢學與翻譯大師 David Hwakes（霍克斯），對於《紅樓夢》書名的英譯，就有過深刻的考慮。

在這以前，幾乎所有的版本，都是逐字忠實直譯：「紅」對 Red，「樓」對 Chamber，「夢」對 Dream，故成了 *The Dream of the Red Chamber*。但是，霍教授認為這樣很不妥，原因是這三個對應的英文字，給予西方讀者的感覺與聯想，與中文的意蘊南轅北轍。

對於我們來説，「紅樓夢」是浪漫的。「紅」是興旺、喜慶、婚嫁、女性之美（紅妝）、虛幻的大千（紅塵）等等。「樓」是建築，景象也是富裕的。至於「夢」，給我們以唏噓與惆

▲ 閔福德教授，國際著名學者，《紅樓夢》
（與其岳父 Prof. David Hawkes 合譯）、
《孫子兵法》、《聊齋》、《易經》、《道德經》
等經典的翻譯者。

悵，因為暗示了曾經擁有的富貴、繁華、愛欲的消亡，一個
美不勝收的（女性）世界的殞落，頗有佛家到頭來一切皆虛
妄的味道。

　　但是，對於英文讀者，這個書名絲毫沒有引起相同甚至近
似的聯想。因為於他們，紅色代表危險、血腥、紅燈區、色
情；「紅樓」指的是一個女性的閨房，也許有着紅色帳廉與暗
暗的燈光；再加上「夢」，那毫無疑問，就是關於「在女性閨
房裏一個色情的夢」的故事。

　　怎樣解決呢？

　　徹底放棄《紅樓夢》，改用《石頭記》*The Story of the
Stone*。

這既不會製造誤解，又符合英語的「頭韻法」（aliteration）：The *Story* of the *Stone*，像 *Pride* and *Prejudice*（《傲慢與偏見》），易記又上口。更妙的是，聖經裏恰好也有一段「被遺棄的石頭」之說，連隱喻也解決了。

又如書中的「元宵節」，與其費一番唇舌或用注腳解釋：這是農曆第一個月的第十五天，洋溢着快樂氣氛云云，霍教授創了一個 Fifteenth Night（第十五夜）。因為西方有一個 Twelfth Night（第十二夜），是聖誕節最後的一夜，也是有吃有喝、盡情歡樂的日子，這就很容易引起相似的想像。至於元宵節街頭的表演（社火）和最點題的花燈，則原文馬上會提到，順着翻下去就可以了。

說了半天，就是想帶出這個課程的重點：「文化共鳴」（Cultural Resonance）。

翻譯的挑戰，不只是譯出意思或文字流暢，當中還包含了對背後文化底蘊的傳達。簡單如「英雄」一詞，古典西方看到的是驅着戰車、擁有強健體魄、所向披靡、為個人榮譽而戰的勇猛之士。但在中華文化裏，如果沒有家國情懷，沒有忠肝義膽，那即使昂藏七尺、驍勇善戰，也未必被公認為「英雄」。如何讓彼此了解、促進溝通？那就需要有懂得「彼此」的橋樑。

我非常有幸，自 2007 年至 2018 年間，與 John 共同策劃組織了數次文化交流活動。我們第一次計劃的名字，就叫——

Bringing Kunqu Theatre to the World 崑曲走向世界

這次計劃的宗旨十分明確，下面是 John 的英文版與我的中文版，不是逐字翻譯，但精神是一致的。

The sharing of China's cultural heritage with the world is something of vital importance in the early 21st century. One of the key areas of that heritage is the treasure-house of kunqu musical drama, already declared an intangible World Heritage Site by UNESCO.

In order for a genuine world audience to understand and appreciate this powerful, subtle and mani-faceted performance-art form; in order for audiences to be able to go beyond the stage of superficial curiosity, enter into its lyrical spirit and absorb its true timeless essence, steps need to be taken to present *kunqu* in a more creative, a more deeply cultural and interpretive context. Performance, interpretation, translation and popularization must work together in this ambitious endeavour, to reach out and share Chinese culture with the world.

21 世紀是一個東方與西方真正匯聚的年代。世界此刻對中國文化的關注，猶勝於過往任何時期。而在眾多的文化瑰寶當中，崑曲——這門融詩詞歌舞於一身、被認為「從審美意義上透露了整個民族的精神奧秘」的古典戲劇藝術，無疑更是焦點之所在。2001 年聯合國教科文組織將中國崑曲列為世界人文遺產，便是最佳例證。

▲ 澳洲國立大學 14 天的活動：講座、圓桌會議

　　為了能夠真正與世界分享這一中國文化遺產，為了讓觀眾超越表面的獵奇階段、自深層領略其文學底蘊與美學精神，我們就須以一種嶄新的、並由多個側面同時配合進行的形式，向世界介紹這門藝術。也只有這樣，才能全面地呈現這個表演體系的內涵與神韻。

　　計劃於 2007 年 9 至 10 月在澳洲國立大學進行，為期 14 天。內容包括講座、導賞、圓桌會議；打擊樂、身段、化妝工作坊，以及京崑示範演出。

　　活動的每一個細節，我們都力求盡善盡美，即使只是介紹一個小片段的「引言」，也是費了心思。譬如導賞《牡丹亭·遊園》，與其平鋪直述地介紹文字與表演，John 卻巧妙地引入了《紅樓夢》的章節：

　　　　（黛玉）剛走到梨香園牆角外，只聽見牆內笛韻悠揚，歌聲婉轉，黛玉便知是那十二個女孩子演習戲文……「原來姹紫嫣紅開遍，似這般都付與斷井頹垣。」黛玉聽

了，倒也十分感慨纏綿，便止住步側耳細聽，又唱道是：「良辰美景奈何天，賞心樂事誰家院？」聽了這兩句，不覺點頭自嘆，心下自思：「原來戲上也有好文章。可惜世人只知看戲，未必能領略這其中的趣味。」（第二十三回）

就在此時，我隨着笛聲上場，演繹了這段載歌載舞、把黛玉也吸引住的杜麗娘唱段——【皂羅袍】。

《紅樓夢》是 John 最熟悉的領域，《牡丹亭》是我之所長。將兩者如此自然地結合在一起，把戲曲乃至兩部中國名著輕描淡寫地帶出，互相襯托，引起人們幾許嚮往、幾許遐思……而且末句「原來戲上也有好文章。可惜世人只知看戲，未必能領略這其中的趣味」，更是正好暗合了我們這次活動的初衷。

這，絕對是高層次的 *Bringing Kunqu Theatre to the World*。

由於這一次活動的成功，在之後幾年裏，京崑劇場不止重訪了澳洲國立大學，還兩次到悉尼大學去講課及演出，並受昆士蘭音樂學院邀請參與「澳華音樂節」。

幾次演出劇目的英語字幕，自然是 John 的手筆。崑曲《牡丹亭·尋夢》，宛如莎翁作品；京劇《烏龍院》，卻直白民間得我幾乎覺得可以就用這個譯本去演。到位的文字，大大幫助了西方觀眾對戲曲的欣賞。劇場的反應，與在中國演出無異。

▲ 應邀到澳洲演出

　　John 從澳洲國立大學榮休後移居新西蘭，2018 年他在當地組織了一次為期兩週的國際學術論壇，主要談及文學、翻譯、藝術等方面的「修養」（cultivation）。

　　這次我帶了學生一起去，有她們的演出，也有我的演出；有工作坊，也有我和 John 一起主持的導賞；還有以古琴相伴的我的書法揮毫……

　　也許，當年我報讀那個翻譯課程，冥冥之中就是讓 John 和我能攜手做一點文化交流的事情。當然，非常重要且相當感恩的，是 John 鼓勵我做了博士論文，並成為了我的導師。他做學問時嚴謹，但十分輕鬆愉快，有條不紊，總是讓一切水到渠成。到點就放下工作，該喝紅酒喝紅酒，該吃 Cheese 時照吃不誤。這對於容易因為「任務」未完成而起急、一個「關卡」未過去就不允許自己放鬆的我，是一個極好的學習。

　　John 喜歡戲劇，曾經想過當導演；他熱愛音樂，也彈得一手漂亮的鋼琴，年青時也想過當鋼琴家。因此，他說自己是最不像學者的學者。問他關於語文的問題，他最恨的是「文

法」，他認為沒有刻板的定律，他只跟你說文章、句子的跌宕與節奏。John 對中國文化精髓的認知，更勝似不少國人，是以我們做美學論文時，在思維與溝通上是如此的暢行無阻，我可以暢所欲言，並得到全然的理解與信任。我相信，不會有別的哪位教授，可以使這個過程更加愉快、使我更獲益良多。

當然，他也有讓我抓狂的時候。那是當他家裏和他自己的身體出了些狀況，導致音訊全無，整整失蹤了一年。那時節我真認為讀書這碼事可能會「泡湯」，後來我跟他說了，他卻道：「我知道你擔憂，但我從未憂慮過。」為什麼？「因為我有信心你一定會勝利完成。」謝謝他對我的了解與相信。

還有一點我需要特別感謝 John，就是在我最急需頂級英文翻譯，實在非他莫屬時，他總能出手相助。

小至兩句話：

若非一番寒徹骨，怎得梅花撲鼻香？
After a winter's bitter chill
The blooms of the plum breathe sweeter still

大至一段小文，都絕對是大師傑作。

以下的文字，是我為一個京崑傳承計劃宣傳片寫的旁白，影像相當寫意與具現代感，文字（以粵語朗讀更佳）與內涵卻古典。說的是戲曲藝術人在藝在，形、意的傳承必須通過「以心傳心」，乃至隱約帶出的一種師生情。

英文翻譯，美得讓人心顫。

如花美眷　　Love's beauty fades

似水流年　　As time flows by,

芳華萃影　　Youth's emerald shadow passes

轉瞬即逝　　In the twinkling of an eye.

聽得到的聲音　　Melodies heard are sweet,

觸不及的神韻　　Sweeter and still more sublime

　　　　　　Are melodies unheard.

穹蒼下　　Beneath the azure vault

花木綻放　　The flowers bloom,

　　　　　　The trees put forth new life.

天地間　　Silently

潤物無聲　　Twixt Earth and the firmament

　　　　　　of Heaven All things in nature

　　　　　　thrive.

追夢之人　　In this pursuit of the dream,

尋覓那形神意韻　　In this quest for the ineffable;

春泥護花　　The spring clay

　　　　　　Feeds the flowers,

盡在以心傳心　　The true melody

　　　　　　Is handed down

　　　　　　From heart to heart.

Hermès 與回歸演出

　　1997 年，我得到了回歸演出的黃金檔期，7 月 2 日及 3 日晚上在香港大會堂音樂廳。時間和地點都是最理想的。但是，我袋裏一分錢也沒有。

　　以往的演出，全是當時的市政局主辦，我們不需要在這方面費腦子。這次性質不同，全部要自己操作。說也奇怪，面對這樣一個重擔與難題，而且只有半年時間準備，我卻不感到太憂心。我心底裏總覺得，在如此一個世界矚目的歷史時刻，總能想到辦法。

　　話雖這麼說，碰過幾個釘子後，時間已來到 2 月下旬。

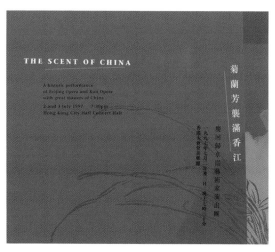

▲ 97 回歸演出場刊

Last month, I was in Beijing, where Hermès inaugurated its first boutique in the People's Republic of China. Today, in Hong Kong, I allow myself to express in writing my gratitude to have been given the opportunity in supporting the performances of Beijing Opera and Kun Opera for the celebration of the Reunification of Hong Kong with China.

Let me, in the name of the House of Hermès, wish the best success in harmony and joy to these performances of Beijing Opera and Kun Opera at the Hong Kong City Hall, compliments to the outstanding craft of their world renowned artists.

Jean-Louis Dumas-Hermès
Chairman and C.E.O., Hermès

上月，本人到訪北京為愛馬仕在中國開設的首家愛馬仕專賣店揭幕，而今天，愛馬仕又很榮幸能贊助是次為慶賀香港回歸中國而進行的京劇和崑曲演出，歡愉之情，難以言喻。

本人藉此機會，謹代表愛馬仕預祝慶回歸京崑藝術家演出團於香港大會堂的演出成功，並對團中藝術家享譽全球的精湛技藝，致以最衷心的讚賞。

杜邁
愛馬仕主席兼行政總裁

▲ Hermès主席兼行政總裁 Jean-Louis Dumas-Hermès 撰寫序言

Hermès 與回歸演出

某天，我腦子裏突然冒出一位長輩朋友，其實我與她一點兒也不熟，最多也只是見過一兩面，但靈感告訴我，興許她能幫忙。於是，我想辦法找到了她的電話，與她約見並道明來意：我在全世界都注目香港的時刻，拿到了黃金演出檔期。現在萬事俱備，只欠東風！

果然不出所料，她爽朗地答應了。不出幾天，她把我介紹給法國世界品牌 Hermès（愛馬仕）。彼時 Hermès 在香港設立了準備開發「大中華」市場的辦公樓，由愛馬仕主席的兒子 Pierre-Alexis Dumas 親自執掌。

我和 Pierre-Alexis 很快就見了面，過程輕鬆愉快，彼此以法語交談着。

Pierre-Alexis 坦誠地告訴我，他們準備打開中國市場，在這個時機支持一個中國國劇的演出，甚是恰當，而且也會是一個亮點。唯一的條件：「我們要獨家贊助！」

再好不過了！就此說定。我們馬上組起一個團隊，平面設計由 Hermès 負責（這是他們的拿手，設計人員全是法國人），我負責組織演出隊伍和字幕翻譯工作。

說起這次翻譯，必須一提。

在這之前，香港的戲曲演出基本沒有英文字幕，因為從來沒打算面對外國觀眾，即使在藝術節中有這類節目，英語也頂多是「歌詞大意」。在我心底，我一直想補上這個缺口，只有把各方面的文字工夫做到家，才能打開讓西方世界了解京崑的大門。這次與 Hermès 合作，外國賓客必然少不了，為了達到更佳效果，我借機推出了中英文全字幕。

因為需要逐字逐句斟酌，工作量非常大，我們的翻譯小

組，統共動用了四個人：我媽媽、當時跟我學習的一個博士生（因為她的論文與戲曲有關）、學生的英籍丈夫和馬會的一位專職翻譯。

這四位高手各有所長。

我媽媽懂戲，而且她非常享受，寓工作於娛樂，翻譯當中就如同演戲般過癮。我記得《玉簪記・偷詩》是她譯的，可能還有《白蛇傳》的部分，記不太清了。

馬會的翻譯速度快，英文絕對母語水平，反而是對中文了解不深。譬如「諸葛亮斬馬謖」，她翻成諸葛亮斬了一匹馬。

我的學生中英皆能，她們三人的譯稿，最後送到她專攻文科的英籍老公處再過目一遍。而我的作用，就是看看有沒有對劇本潛台詞的誤解。

此項艱辛的工作，最終獲得了巨大成功。好多人大讚譯文地道，與常見伴隨傳統文化的「中式英文」完全不同。也因為這個緣故，雖然台下一半是外國人，劇場效果卻與在京滬演出無異，特別是文戲部分，沒有一個該有的反應是遺漏掉的。同時，我們也正式開創了戲曲雙語字幕的先河。在此以後，我又堅持了好幾年這種做法，雖然當時依然要我們自己找人翻譯。可喜的是，時至今日，中英對照字幕非但是政府主辦戲曲演出的「必然」，而且已經改由主辦單位去負責了。

這次回歸演出，藝術家陣容可謂一時無兩。內地參與的藝團就有北京京劇院、上海崑劇團、北方崑曲劇院、中國戲曲學院與山東省京劇院。

▲▲ 97 回歸演出宣傳單張與場刊

▲ 首場演前酒會邀請函

心・路 ——鄧宛霞藝術人生文集

我們和 Hermès 還設置了首場演前酒會以招待貴賓，這於當年的戲曲演出來說，也可算是創舉了。

　　在這值得紀念的歷史時刻，我可以自豪地說，我們為它留下了一抹相當漂亮的、名副其實的香港色彩 —— 一次完美的中西結合。

中國有悲劇乎？

有人認為中國沒有悲劇，不管多麼莊嚴肅穆，總會跳出一些插科打諢來舒緩氣氛；不管多麼慘絕人寰，最後終以「大團圓」結局。

當然，這與我們內心深處「禍兮福所倚，福兮禍所伏」的思想不無關係。

再者，我們也確實是一個 EQ（情商）比較高的民族，對天地、生死、人間不幸均無太大的恐懼，就連神祇也是和善可親的，故也許就缺少了造就大悲劇的特質。

天地神話

且從天上說起。

希臘的第一個神 Gaia，從渾沌蹦出來後創造了萬物，這位大地之母與兒子 Uranus（也是老公 —— 恐怕當時全世界就這麼一位男性）又生出許多孩兒。天父 Uranus 對這些兒女毫無好感，把他們一一囚禁於母親體內（地底）。Gaia 欲與孩子聯手反抗卻無人敢從，只有小兒子 Cronus 有膽色，最後用母親給的鐮刀把父親閹割並建立起第二代神朝。

Cronus 娶了姐姐，因前車可鑒，且被預言自己亦將遭親兒篡位，故凡有孩子出生，他必吞落肚中，實行先下手為強。Cronus 妻子痛心，遂用計，在第六個孩子出世前先行離

開，然後抱回一塊石頭。Cronus 並無起疑，照吞不誤。這個小兒子（就是著名的 Zeus）逃過一劫，得以健康成長。長大後的 Zeus，設法作為 Cronus 的侍酒人（cup-bearer），在母親幫助下，於杯中放入嘔吐藥。Cronus 喝後一陣噁心，一股腦把五個孩子與石頭全吐出來。於是，孩子們又把父親制服，Zeus 奪權建立第三代神朝……

這些神話戲劇性甚高，橋段刺激匪夷所思，但也確實兇狠殘暴了些。

在中國，伴隨我們成長的故事 —— 不管是神是鬼 —— 沒有什麼是真讓人害怕的。就連《聊齋》裏的鬼與狐都是漂亮善良，否則他們不會站住腳。

我們的大地之母是女媧。她捏土造人，開始非常認真仔細，後來實在太累了，就將繩子放進泥漿，然後一甩，滴下來的泥巴就變成了小人。效率提高了，但質量略欠，故後世富貴者乃「手工」所成，貧賤者則屬於「機製」。女媧造人後還要教他們繁殖，保證人們的福祉。及至水神共工與顓頊爭鬥，導致天塌地陷。女媧趕忙煉五色石補天（是以我們今天的天空會有霞光與彩虹）。為怕天再塌下來，女媧又把海龜的四隻腳借來作支撐。因感過意不去，便把自己的衣服送贈。自此，海龜游泳就不用腳而用鰭了。至於煉就的 36501 塊五色巨石，補天時用剩的一塊，有說變成了新疆的火焰山；當然比較肯定的，是變作了《紅樓夢》裏的賈寶玉。

再看看開天闢地的盤古。他與天地同生於渾沌，又與天地

共同成長。天日高一丈，地日厚一丈，盤古日長一丈。這樣過了一萬八千年，天地形成，盤古繼續為人民服務。他「開目成畫，合目成夜，呼為暑，吸為寒，吹氣成風雲，叱聲為雷霆。」即使死了，他的眼睛化為日月，四肢五體變作四極五嶽，血液成江河，毛髮為草木……身體各部變成什麼雖各版本有異，但總的一句：依然惠民。

天地人一同成長，神明永遠保佑人民。

老子更有言：「故道大，天大，地大，人亦大。域中有四大，而人居其一焉。」人的位置，非同小可。只是我們得向天地學習包容、承載萬物的胸懷。

所謂「人法地，地法天，天法道，道法自然」也。

苦樂生死

Hamlet（哈姆雷特）來到墓地，掘墓工扔出一個骷髏頭。

Hamlet 有點感慨：那個骷髏裏面曾經有一條舌頭，還會唱歌。也許這是一個政客，是朝臣，是律師？現在都只能任人丟來拋去，用鐵鏟敲打。

掘墓工又扔出另外一個，這個骷髏頭屬於國王的弄臣 Yorick。

Hamlet 拿着頭顱：

> 我認識他，這人有無窮的笑料，超凡的想像力，他把我揹在背上不下千次。
>
> 而現在，我想起來直噁心！這兒本來掛着我不知道親過多少遍的嘴唇。

你那些笑話呢？你的活蹦亂跳？你的歌唱？你那使滿桌人都哄堂大笑的機智呢？你沒有留下一個笑話，譏諷你現在那副笑掉下巴的樣子？沮喪吧？

去房裏告訴小姐，盡管塗上一吋厚的脂粉，到頭來也只能落得這副模樣，讓她為這個發笑呀……

Hamlet又想像亞歷山大大帝塵歸塵、土歸土時，就是那一塊土壤，很可能被製成了塞啤酒桶的塞子。

還有：

專橫的凱撒大帝，死了變成泥，為了防風去補壁；

啊！這塊土，曾經英雄蓋世，如今竟為驅寒把牆補！

這邊廂，莊周也見到一骷髏頭，也經過一番的猜度：「你是貪生失了理智而至此？還是亡國被誅？你做了不善之事至使雙親妻兒蒙羞？你凍餓而死還是壽終正寢？」

說罷以骷髏頭為枕而眠。

半夜，骷髏頭在夢中對莊周言：「你的談吐倒像個能言善辯之人。但你說的話，都是生人之累，死了可沒那麼多事。你可願意聽聽死後是怎樣的嗎？」

莊周當然說願意。

骷髏頭：「人死了。上無君，下無臣，也沒有四季之寒冷暑熱，悠遊自得與天地共存，即使做國王的快樂也不及於此矣。」

莊子不信，說：「我讓命運之神恢復你的形骸，還你骨肉

肌膚，讓你返回父母妻兒鄰里朋友處，你可願意？」

骷髏頭愁眉深鎖：「我怎能放棄國王般的快樂而再去受人間的勞苦呢！」

這並非只是夢中之言，或者單單紙上談兵。莊子妻死時，他確實「鼓盆而歌」。

因為他認為「生也死之徒，死也生之始……若死生為徒，吾又何患！」（《莊子・知北遊》）生死不過如春夏秋冬交替運作罷了。

這些關於生生不息、只不過變換生存形態的有趣小故事，莊子把它們放在名為〈至樂〉的篇章裏。

對生死了然，人的一大問題解決了。

大災大難

然而，雖說死不足懼，但面對人生難以忍受之大不幸時，該怎麼辦？

譬如司馬遷。

漢朝將領李陵被派往匈奴時，因兵力與敵軍過於懸殊，苦撐死戰後被迫敗降。司馬遷為他客觀陳述了幾句，卻觸怒了漢武帝，無端被關進了大牢。漢武帝後誤聽人言說李陵帶匈奴兵攻打漢朝，盛怒下非但處死李陵全家，司馬遷也被牽連判以死刑。

按照當時律法，死刑可用巨款贖罪，又或以宮刑替代。司馬遷家貧，只得選擇後者。按理，這奇恥大辱與鑽心之痛，真有點生不如死，但司馬遷之所以忍辱偷生，為的是更高的志向。

他的名言：「人固有一死，或重於泰山，或輕於鴻毛……」

壯志未酬，焉能就死？況且，身墮厄運而大有作為者，歷史上比比皆是。

周文王受拘禁時推演出《周易》，孔子受厄困而寫《春秋》，屈原被放逐乃賦《離騷》，左丘明雙目失明後才有《國語》，孫臏受臏刑（斷足）後著《兵法》……這些大抵都是聖賢們發憤時之作為。（司馬遷《報任安書》）

有理想有抱負之人，不是那麼容易被打倒的。

司馬遷父親司馬談本身是太史，其志乃效法孔子寫《春秋》的精神，書寫一部體系完整的史書，唯生前未能如願。司馬遷從小立志在史學上發展，青年時已暢遊各地，採集傳聞。他既為繼承父志，亦為完成自己的夙願：「欲究天人之際，通古今之變，成一家之言。」

是以，他能面對「極刑而無慍色」，忍下了一切所不能忍而不生怨怒之心。他知道，這部上溯至黃帝，包含十篇表、十二篇本紀、八篇書、三十篇世家、七十篇列傳，共一百三十篇的巨著一旦完成，則之前所受一切侮辱均得以抵償。

「僕償前辱之責，雖萬被戮，豈有悔哉！」

這等豪情壯語，還有什麼災難挺不過去呢？！

當然，大德大能之人並非感受不到創傷。司馬遷自言肚腸一日九轉，在家恍惚若有所亡，出外則不知其何往。每當念及這等恥辱，冷汗沒有不從脊背上冒出來而把衣裳沾濕的。可見精神極度痛苦難當。

但是，因為人生有更高的境界，心中有未竟之宏願，厄運不僅沒有將他打垮，反倒成了發奮的動力。

司馬遷以非凡的堅韌完成了大業。他的《史記》，被後世譽為「史家之絕唱，無韻之離騷」。

人生浮沉

悲劇的層面有很多種。對於一位有絕世才情的大才子、一位文壇領袖，卻無辜被一而再、再而三地貶謫，晚年竟到了幾近荒蕪之地，這不能說不是精神上極大的折磨與打擊。

唐宋八大家之一的蘇軾，詩、詞、文、賦皆有大成就，且書畫兼能，被公認為罕見之文學與藝術全才。

他的文，與韓愈並稱「韓潮蘇海」；他的詩，深具哲理禪味；他的詞，開創詞壇「豪放」一派，舉世名篇《念奴嬌·赤壁懷古》：「大江東去，浪淘盡，千古風流人物……」何等壯觀，何等氣派，天下誰不傳誦？

南宋詩人劉辰翁讚曰：「詞至東坡，傾蕩磊落，如詩、如文、如天地奇觀。」所言不虛矣。

蘇軾的書法亦聞名於世，其《黃州寒食詩帖》被譽為「天下第三行書」。（前兩名是王羲之的《蘭亭集序》及顏真卿的《祭姪文稿》。）

雖然才高八斗，卻到處能與民眾打成一片，人們對於蘇學士也相當景仰與愛戴。蘇軾在外地為官時，常做些築堤防洪、興水利之事。如今杭州聯繫西湖南北的長堤，便是他的功績，後人乾脆稱之為「蘇堤」。

蘇軾還是美食家、烹調家，著名的東坡肉，無人不知，無

人不曉。

他更是一個富幽默感、充滿生活情趣的人。他鍾情佛、道，喜歡參禪，平常就與佛印禪師來往甚密，二人經常遊戲於充滿機鋒的對話中。別看這位蘇大學士，他在這方面，倒是經常輸與佛印的。且看有趣的兩小段：

蘇東坡喜孜孜寫了一首五言詩偈：「稽首天中天，毫光照大千；八風吹不動，端坐紫金蓮。」自覺境界頗高，遂差書童過江送予佛印。佛印看後莞爾一笑，批了兩個字，讓書童原封帶回。東坡正候「佳音」，滿以為佛印會對自己諸多讚美，誰知打開一看，上寫「放屁」二字，不由得火冒三丈，心想不讚也就罷了，怎能罵人？於是馬上親自過江找佛印理論。佛印胸有成竹：你不是八風吹不動嗎？（八風是八件能影響人情緒的事情，如毀、譽、譏諷、讚美等）怎麼一屁就過江來了？

佛印禪師與蘇東坡同遊杭州靈隱寺，來到觀音菩薩像前。東坡忽然問道：「人人皆拿佛珠念誦觀音菩薩，為何觀音手上也掛着一串念珠？觀音菩薩念誦誰呀？」

佛印道：「念誦觀音呀。」

東坡：「觀音為什麼還要念誦觀音？」

佛印：「因為他比誰都清楚，求人不如求己。」

這些充滿睿智與禪理的對答，並非一些束之高閣的大理論，而是滲透在生活點滴中的情趣與無形的點撥。佛、道的大智慧，特別是對於逆境中的東坡，起着不可估量的作用。

蘇軾年少已才華橫溢，20歲中進士，但一生仕途坎坷，幾度浮沉。

先為反對王安石變法請求外調，至杭州、密州等。後被誣告寫詩謗訕朝廷，蘇軾因這宗「烏台詩案」入獄，幾死。雖終獲力保而免死，但於獄中已待了一百多天，出獄後被貶謫至黃州。概括言之，因為他既反對王安石之急進，也不同意司馬光盡廢新法，故始終被牽連於新舊黨爭鬥之中。即使暫得返朝，晚年又遭遠貶嶺南之惠州，60多歲再貶至儋州。要知道那時候的海南島，可不是今天的旅遊勝地，物質條件不忍卒睹，外人到往幾乎是死路一條。

一位曾任翰林學士、禮部尚書的大文豪，早懷抱負報效國家，卻遭二十多年的流放、罷黜，顛沛流離居無定所，身心如何得平衡？在今天社會來說，起碼不得患上深度抑鬱症！

但蘇東坡與人們想的剛好相反。

首先在密州，他說：「從湖光山色的杭州與華麗的居所，來到桑麻叢生的荒野與粗糙的屋舍，剛到時連年失收，盜賊滿野，罪案充斥；廚房裏也是空空如也，每天以杞菊充饑。人們一定以為我會不快樂。可我在這裏住了一年，面腴體豐，頭髮白的地方，也慢慢變黑了。」

在黃州，過得也十分清苦。這位「罪官」俸祿極微，他把每月收入分成份數，不管多艱苦，全家人一天只許用一份。沒有肉吃，家裏乳母醃了一塊鹹肉掛在房樑上，讓孩子們「看肉下飯」。

後來友人替他求情，求得黃州東郊外的一處小山坡，讓蘇軾耕種。蘇軾勤勞開荒耕作，解決了吃飯問題，這才正式築起了居所。蘇軾因此自號「東坡居士」，這也是「蘇東坡」名

之由來。

　　無端下獄後被貶黃州，可說是人生一大低谷，但在蘇軾文學生涯與人生歷練而言，這卻是一個大的飛躍。在此，他寫下了千古之作——前後《赤壁賦》、豪放詞之巔峰《念奴嬌·赤壁懷古》；《黃州寒食詩帖》亦是該時期作品；甚至「東坡肉」也是此時所製。

　　晚年到了海南，生活條件更是超乎想像：「此間食無肉，病無藥，居無室，出無友，冬無炭，夏無寒泉。然亦未宜悉數，大率皆無耳。」總之，「沒有」的東西數之不盡。

　　最講究吃又善烹調的蘇東坡，他面前的食物是什麼？

　　「土人頓頓食薯芋，薦以燻鼠燒蝙蝠。舊聞蜜唧嘗嘔吐，稍近蛤蟆緣習俗。」蜜唧者，當地人用蜜飼之初生鼠也，吃時還須作唧唧之聲才算正宗。

　　此等「佳餚」如何下咽？東坡只好淺嚐蛤蟆，也算是入鄉隨俗了。

　　然而，不管遇到多大的打擊、多大的困境，在東坡的作品裏、語言中，都會透出一種豁達、幽默、了悟與豪邁，似乎沒有任何環境與艱難能阻擋他自得其樂。

　　關鍵何在？

　　首先是他的人生觀。

　　他認為：「凡事物皆有可觀賞之處，既有可觀賞之處，就必能使人產生快樂。不一定是什麼怪異珍奇的東西，吃酒糟，喝薄酒，都可以使人醉；水果蔬菜草木都可以充飢，以此類推，我到哪兒會不快樂呢？」

　　真正做到了能屈能伸、隨遇而安。

　　人們總是在求福辭禍，以為福帶來喜而禍帶來悲。人之欲

望是無窮的，而可以滿足我們的事物則很有限。如是者整天把自己處在美好還是醜惡、選取還是捨棄的糾纏之中，結果反倒是樂少悲多，成了求禍辭福了。

樂少悲多的致命傷在哪裏？在於「彼游於物之內，而不游於物之外。」

並非這件事物本身有多少了不起，但你鑽進其中，「自其內而觀之，未有不高且大者也。」它恃着這種（其實是你賦予它的）高大駕臨於你面前，則哪有不使你頭昏目眩、眼花繚亂心情反覆的？

你們被事物蒙蔽了。「不識廬山真面目，只緣身在此山中。」如隙中之觀鬥，你能知道誰勝誰負嗎？你能知道生命之全盤嗎？

蘇東坡自己的秘訣何在？

「余之無所往而不樂者，蓋遊於物之外也。」
不被妄想顛倒所迷惑，不在美惡好壞之間打滾，不鑽在牛角尖裏。

「浩浩乎如馮虛御風，而不知其所止；飄飄乎如遺世獨立，羽化而登仙。」
這是東坡飄逸的道家情懷，心中嚮往的快樂境界。

「竹杖芒鞋輕勝馬，誰怕？一蓑煙雨任平生。」
這是東坡笑傲人生的豪邁與坦蕩。世俗榮辱，何懼之有？

「回首向來蕭瑟處，歸去，也無風雨也無晴。」

好一句「也無風雨也無晴」，遠離美醜分別的漩渦，達到「不二」之境。

東坡三次被貶，他說：「問汝平生功績，黃州惠州儋州。」

是自嘲嗎？恐怕更多是真實。

就以儋州為例，對於當時這樣一個荒蠻之地，東坡不但不嫌棄，還主動當起老師，「以詩書禮樂之教轉化其風俗，變化其人心。」自此，海南才有了「舉人」零的突破。

黃州惠州儋州，且不論他在這三個地方作的實際貢獻，相信在他人生的道路上，歷煉最大、成長最速的，正是苦難與低落之時。

「否極」豈能不「泰來」！

感謝祖先的絕頂智慧，使得我們總是把着眼點放在超脫之道，而非一頭栽在「悲劇」事件當中。

不管是禪、道的灑脫通透，還是儒家的悲憫壯烈，都是我們的解脫良方。

每種等級的「災難」均有對策，所以我們真的很難一悲到底。

非但知識份子與哲人們如此，便是普羅大眾，也完全不能接受這個觀念，更不相信「否極」而不「泰來」。且看一篇我寫於八十年代專欄的真實小故事：

中國有悲劇乎？

戲假情真

中國人看戲喜歡「大團圓」，也喜歡「善惡到頭終有報」。

「忠」的無論中間如何歷盡艱辛，飽受磨折，收場時必須「苦盡甘來」；「奸」的可以殺人放火，姦淫擄掠，但最後一定要受到上天懲罰，方能大快人心。

編劇家們務必摸準這種心理，千萬不要輕易反其道而行之，否則，很可能會出大亂子。

不信？下面就是一例證。

話說某劇團排了一齣新戲，興沖沖跑到蘇北農村去演出。該劇故事梗概如下：某地發大水，一「惡少」乘機搖船而去，意欲撈它一筆。恰好此時有一手持珠寶箱的女子在水裏掙扎，「惡少」假裝將她救起，待財物到手後，遂把她再度推入水中。幸而皇天有眼，此女復被一青年漁民相救，二人互生情愫，奈何女方早已許配別人，老實的漁民只好一路護送她到「婆家」。

世上也有如此巧合的事，洞房之夜，新郎竟就是當日的「惡少」。女子極度悲憤，無奈婆婆苦苦哀求，最後答應只做一掛名夫妻。「惡少」不久得悉自己的「妻子」原來對別人傾心，於是兩母子合謀將青年的眼睛弄瞎……

觀眾看到這裏，已被這離奇曲折的劇情深深吸引着，並一心等着看這些惡人的「下場」。殊不知結局一反常態：青年被害死、女子被逼瘋、而「惡少」兩母子反倒飛黃騰達，在朝廷做了大官。

就這樣，戲完了。正當眾人準備謝幕，台下頓時譁然：「辣塊媽媽，老子花了一塊兩角錢，跑到這裏來受氣！為

什麼好人會死，為什麼這女人會瘋，老天還有公理嗎？」

「去叫你們團長出來，你們這麼演，我們不答應，壞人不死，我們要退票……」

一時間「民情洶湧」，無法平息。連戲院工作人員也束手無策。

最後只好把諸位「領導」叫到台前接受批評，直至他們答應慎重考慮「群眾意見」，回去認真加以修改，這批「義憤填膺」的觀眾才悻悻然離去。

從上到下，從雅到俗，我們都堅信「塞翁失馬焉知非福」、否極必泰來。

無法，我們就是這樣的一個民族。要「一悲到底」，難矣！

下
篇

虛與實

中國傳統藝術是虛擬、寫意的。

國畫不講究百分之百的透視準確，正如齊白石所說：「作畫妙在似與不似之間」。

典型的京崑舞台，只有中性的一桌兩椅，環境是帶在演員身上的，看的是演員的表演。

但這種虛擬手法的形成，是我們當初無力購置佈景或舞台科技落後嗎？當然不是。京崑歷來得到朝廷最鼎力的支持，清宮還真的擁有帶機關的舞台，民國時期同樣出現過機關佈景連台本戲。但這些都是曇花一現，滿足一時的新鮮好奇，不成氣候。

中國傳統藝術，始終沿着虛擬、寫意的道路走。

為什麼？

因為這是一種審美選擇。這種審美，來源於中國傳統文化的一種宇宙觀，它是我們如何看這個世界的直接反映和呈現。

寫實與虛擬的形成和存在，其實是基於兩種不同的認知、兩種看世界的方法。更貼切地說，是如何看「我」和世界的關係。

「寫實」源於「主客二分」，「虛擬」源於「天人合一」。

主客二分

「主客二分」，顧名思義，這裏有一個「主體」和一個「客體」，它們彼此外在、獨立自存。也就是說，「我」和「世界」是分割開的。「寫實」就是「我」以客觀的態度對對象進行觀察，並予以描述、反映。

西方美學和創作，基本上是遵循這個模式。早於古希臘，藝術家們便以仿真為貴。19 世紀的印象派，因為重點放在捕捉自然界瞬間光色變化，描畫對象輪廓變得鬆散模糊，仿真程度似有減弱，但仍是一種着眼點轉移的寫實。

西方的話劇，人物與佈景，均盡可能地將生活原型再現舞台。

⋯⋯

總而言之，不管是如照相機般的逼真，還是趨向更自由化，其創作意識，都是建立在一個「我」和一個「客觀世界」的**相對**基礎上。

天人合一

這是一種全然不同的宇宙觀。

莊子曰：「天地與我並生，而萬物與我為一。」（《莊子‧齊物論》）

馬祖道一說：「凡所見色，皆是見心。」（《五燈會元》）

在傳統藝術創作中，內在世界與外在世界並非分割開的。也就是說，這裏沒有一種既定的、固有的、對所有人都如一的所謂「客觀現實」，是我們（詩人、藝術家）把生命和

意義賦予外在世界，同時把我們自己的心照亮。

試看下面的詩句。

月上柳梢頭，人約黃昏後。（歐陽修）

床前明月光，疑是地上霜。
舉頭望明月，低頭思故鄉。（李白）

恨君不似江樓月，南北東西，南北東西，只有相隨無
別離。
恨君卻似江樓月，暫滿還虧，暫滿還虧，待得團圓是
幾時？（呂本中）

這些詩詞，同時都借助了月亮。但這個月亮本身形象模
糊，也沒有任何感情色彩，只因詩人的不同心態，使它或帶
鄉愁，或充滿期盼，甚或剎那之間，這個月亮便從「可愛」
變成了「可恨」。我們不需要刻意去改變月亮的特性，因為它
就像「一桌兩椅」般，本來就沒有特性。

再看看戲曲劇本。
白素貞：青妹你看，那斷橋之上，緩緩行來一個後
　　　　生，摯誠模樣，令人心喜。（崑曲《遊湖》）

白素貞：青妹，這不是斷橋麼？
小　青：正是斷橋。

白素貞：喂呀斷橋哇！想當日與許郎雨中相遇，也曾
路過此橋。如今橋未曾斷，素貞我卻已柔腸
寸斷了！（京劇《斷橋》）

劇作家沒有對斷橋作過任何「客觀」的描寫，因為它的出
現，只為襯托主人翁的心情。

我們現在於紙上平面地看，也許不容易領會那種立體的感
染力，但熟悉京劇的觀眾，可能馬上會聯想到舞台上的實際
情況：

白娘子戰敗金山寺，敗逃至西湖邊。小青攙着腹痛難
當的姐姐，欲到橋邊稍坐片刻。

白蛇低着頭，艱難地走了幾步（鑼鼓以〈五錘〉配合）。

鑼鼓中白蛇無意地抬頭，目光剛好觸及斷橋，一驚，
急喚：「青妹！」（〈倉〉）

「這不是斷橋麼？」

小青答：「正是斷橋。」

（鑼鼓起〈撕邊〉〈叫頭〉）

白娘子百感交集，在鑼鼓裏翻水袖：「喂呀斷—」（頓
住，深吸一口氣）「橋（提高聲音，略為拉長）哇（字出口後聲音
馬上轉輕，維持一陣再漸漸加強，到最高處把聲音一壓，完成這聲長
歎）！」

（鑼鼓以〈五錘〉收住）（白娘子在鑼鼓中一個小踉蹌，還原水袖）

「想當日，與許郎雨中相遇，也曾路過此橋。如今，
橋未曾斷，素貞我（提高聲音）（大翻水袖）（〈撕邊一鑼〉）卻
已柔腸（抽泣）寸（抽泣）斷了（哭音）！」

演員的唸白、身段、表演與鑼鼓交織，一幅情景交融的意象油然而生。

這組表演，從頭到尾都不離「斷橋」二字，但舞台上卻不需要出現「斷橋」（即使有也只是天幕上淡淡的寫意）。表演時，有的演員指向下場門，有的演員指向台的左前方，這都沒關係，因為這是你心中的斷橋，與現實無關。相反，如果你真的把「斷橋」具象化了，譬如在台上擺一個實物道具，或者在佈景上畫一個非常逼真的斷橋，那不止大煞風景，而且與寫意的表演相左。如果你唸白時再往那個實體一指，則一切表演將毀於一旦。（關於舞台虛實及「戲改」問題，詳見〈戲曲「改革」〉）

情與景

《紅樓夢》第三十七回關於結詩社詠海棠有這樣一段話，很好地説明了「情」與「景」的問題。

當時女孩子們決定詠海棠，但花還沒搬過來，如何就作？當天詩賽最終拔了頭籌的寶釵説：「不過是白海棠，又何必定要見了才作。古人詩賦，也不過都是寄興寫情耳，若都是看見了才作，如今也沒有這些詩了。」（脂硯齋批語：「真詩人話。」）

這裏的「何必定要見了才作」，恰好説明了詩詞永遠關乎「情」，而非關乎對一種「外在現實」的描寫（因為這樣的一種具獨立自性的「現實」根本不存在）。這裏**沒有「觀察」與「再現」，只有「借景」來「抒情」**。

至於「真詩人話」，説明這是內行人説的話，而非外行評

論家對創作的臆測。

「景」引發了詩人的「情」，詩人把「情」（心）即時投射於「景」上，借「景」以呈現之，由此創造出一個引人入勝的意象世界。

現在我們明白為什麼我們不寫實了。

因為在傳統美學上，**除了我「心」以外，根本無「實」可寫。**

即便確實在寫景，如李白之《望廬山瀑布》——

> 日照香爐生紫煙，遙看瀑布掛前川。
> 飛流直下三千尺，疑是銀河落九天。

最震撼我們的並非那個瀑布，而是詩仙出奇的想像與絕世的才華。否則蘇東坡也不會讚曰：「帝遣銀河一脈垂，古來唯有謫仙詞。」他並未說：沒有比廬山瀑布更偉大的了；而是說：以如此驚人的想像力寫瀑布，古來唯有李白一人。

事實上，詠物寫景，使自己那天真、狂放、毫無掛礙的情懷如瀑布般直湧而出，實無人能出李白之右。因此，當蘇軾自己再寫廬山時，則完全從另外一個角度入手：

> 橫看成嶺側成峯，遠近高低各不同。
> 不識廬山真面目，只緣身在此山中。

詩文平實，卻在人生哲理上取勝。

同樣寫景，看到的是兩顆各自各精彩的「心」。

京崑如詩，在戲曲舞台上，藝術家也是借景抒情。這個「景」，可以理解為人物；這個「情」，可以理解為演員的技藝、才情、格調、品味。這也就解釋了為什麼戲曲完全是表演者的藝術，為什麼京劇可以存在流派，為什麼流派可以學習、參考，並藉以引發調動自己內在的東西。但流派無可複製，因為它永遠只屬於創派人（如同詩作只屬於詩人）。

如果說寫實是人類希望通過思維、理性去認識、再現一個他眼中的外在世界，那寫意（虛擬），就是藝術家用「心」，去創造一個屬於他自己的意象世界。

明白這點，我們才算真正邁進了傳統藝術的門檻。

有與無

前文講到，中國藝術，不管是戲劇表演，還是美術創作，都有意識地避開生活原型。也就是說，仿真從來都不是藝術家們的終極追求。

寫實者，必須把自己固定在一個時空、界定在一個「框架」之中，然後把你眼睛所看到的，或耳朵所聽到的，即感官所感觸到的世界表現出來。

但傳統藝術，卻總在談一種「象外之象」，強調「意境」之說。言下之意，是要跳出框條界限，表達另一個層面的東西？

要回答這個問題，先要回到老子 —— 中國傳統美學的起點。

老子的《道德經》短短五千字，其闡述的宇宙與生命實相，直接影響着整個中華文化包括中醫、武術，乃至各種藝術形態的形成和發展。他提出的一系列概念，如道、氣、象、虛、實、有、無等，是中國傳統美學的基石。

何謂「道」？

首先，什麼是「道」？

老子認為，有一樣「東西」，它「先天地生」，它「獨立而不改，周行而不殆」；這個永恆不息、無開始無終結的「天

下母」（完全跳出時空概念），它便是一切的本源 ——「道生一，一生二，二生三，三生萬物。」**它就是生命本身。**

它無形無狀，「視之不見」、「聽之不聞」、「搏之不得」，卻延伸出了萬物。

它包含了一切：看得見的、看不見的；聽得到的，聽不到的；觸感得着的，觸感不着的⋯⋯

它是創造者（生命之源），同時也是創造物（山河大地人間）。

「『道』包含『象』，產生『象』，但是單有『象』並不能充份體現『道』，因為『象』是有限的，而『道』不僅是『有』，而且是『無』（無名，無限性，無規定性）。」（葉朗《胸中之竹》）

這個「無」的概念相當重要，它並非含有任何「沒有」或「不存在」之意。說它無，只是相對有色相（也就是能被五個感官「偵測」出來）之物而言。它其實是「含藏一切的最大的『有』」（任法融《道德經釋義》），是無邊無涯的自由，無窮無盡的可能性。

但有趣的是：既然一切從道而生，我們也不過是它延伸出來的一個「局部」（好比大海與浪花，浪花不可能不是「水」），我們從來沒有（也不可能）離開這個「一體」；但為什麼在我們的日常生活當中，卻並不容易有這樣的體察，「大道」似乎是那麼遙遠、那樣深不可測？

「三易」原則

讓我們來看看《易經》中「易」字的含義，或許會找到一點線索。

《易經》中的「易」字有三層意思,即所謂的「三易」原則:**變易、不易、簡易**。

變易者,代表我們身處的世界。更貼切地說,是我們自覺身處的世界。在這裏,任何人、物、事,無一不在時刻飛速變化着。這裏存在時間與空間概念,一切都是相對而言。譬如:有好有壞,有大有小,有生有滅等等。我們姑且稱之為「相對層面」。

然而,一切都在瞬息萬變的同時,有一樣東西卻是永恆存在、永恆不變 —— 不易。正是它,生出了萬物。也就是老子說的「道」。我們姑且稱之為「絕對層面」。

宇宙間事物的存在、運行均有其法則,一旦了然,一切都會變得十分簡易。醒悟了,原來一切並不複雜。

這些所謂的「層面」,指的當然都不是一個具體的地方,而是一種「覺知」(awareness),就如天堂與地獄,全在一念之差。

尋「道」之道

現在的問題是:因為我們生活在一個二元對立的「人間」,如何在這明擺着的「相對」世界中,去感知「絕對」的存在?(雖然我們從來不曾離開「絕對」。)

到底什麼樣的方法,才能讓我們在這個「五色令人目盲,五音令人耳聾」的國度裏,切身感受到那永恆清靜的「大道」?

且看莊子的一個小故事。

黃帝到赤水北面遊玩，登上崑崙山向南望。歸來時，遺失了他的玄珠（道）。

他讓「知」（聰明才智）去找，找不到；

讓「離朱」（善於辨察）去找，找不到；

讓「喫詬」（能言善辯）去找，找不到；

最後他讓「象罔」去找，找到了。

黃帝說：「奇怪！怎麼會是象罔找到的呢？」（《莊子·天地》）

「象」者，形也象也；罔即無。無特定形相，無任何刻意的渴求，或必須達到的預期結果……沒有任何執着，無為，才能無所不為。

這裏的關鍵，是說明頭腦的聰明才智思辨邏輯，並不能引領我們見道。

事實上，《道德經》的第一句已經說得非常清楚明白：「道可道，非常道。」為什麼可以**說**出來的，就不是那永恆不變的「道」？因為語言本身就是二元對立。只要我們說出一個「好」字，在概念上就必須存在它的對立面——「不好」；沒有「高」焉有「低」？沒有「遠」哪有「近」？

語言這個東西，只能在相對概念下才能產生、成立。也正因為如此，用這個機制，是不可能表達出「絕對層面」的。無怪乎莊子說：「吾安得夫忘言之人而與之言哉！」只有忘掉「語言」的人，才能與他「有話可談」。

同理，我們頭腦的思辨、才智（intellect），完全是基於對比、分析、歸類……它就像一台最精密的電腦，把五個感官（眼、耳、鼻、舌、身）所收集的資訊（色、聲、香、味、觸）儲存下來，並極速地進行各種處理、總結。這個機制是

為了保證我們在人間（一個相對層面）的生存。它龐大的記憶體，使我們懂得如何保護自己，譬如說，有危險的事情不會再做，避免重蹈覆轍。

但問題是，五個感官的「視野」是極有限的，它能感知到的東西，也是局限在一個特定時空，而我們的腦袋，盡管是一台偉大的機器，也只是懂得「思前想後」（根據過往的經驗判斷將來可能發生的事情），它永遠活在「過去」和「未來」，卻偏偏缺失了「這裏」和「現在」。因此，在某種意義上來說，世間的「知識」越多（特別是當你堅信這些「知識」是唯一正確的），你的開放度、接收度就越低；離「道」也就越遠。這種不斷在「電腦」裏儲存、調出的資訊，用佛家的語言表達，不過是一些「妄想」，與實相無關。

怎樣才能見「道」、回到「一體」的覺知？

我們再來看一個莊子的故事。

梓慶削木為「鐻」（古代一種像鐘的樂器），其精妙處見者皆驚，歎為鬼斧神工。

魯侯問梓慶：「能做成這個樣子，你到底擁有什麼樣的技巧呀？」答曰：「臣只工匠一名，有什麼技術可言。只是，臣將要製作鐻時，必然齋戒以靜心。齋三日，沒有了功利之念；齋五日，對毀譽評價也沒有了感覺；齋七日，我連自己的形骸四肢都忘卻了。這個時候的我，專心一致，沒有任何外在干擾。於是便進入山林，觀看天然樹木，選一個形軀最接近鐻的樣子的，然後我不過動兩下手而已。如果找不到合適的就不做。這就是以我之天性與造化相合（以天合天），所以人們才會覺得器物如鬼斧神工。恐怕就是這個道理了。」（《莊子·達生》）

放下一切人間的執着，回到本性，反而什麼都不費勁，而且效果奇佳。

齋戒指的是「心齋」。靜下心來，換句話說，讓腦袋休息，別再「當家作主」，將其根據局限視野所得出來的各種思維聰明才智放下，騰出空間，「真我」自然顯現。

　　為學日益，為道日損。損之又損，以至於無為。無為而無不為。

與世間知識學習剛剛相反，那是不斷的增加，而悟道則是不斷減損。去掉塵世（因誤信虛妄為實有而產生）的包袱、桎梏，回到那無限的本源。

或者你會說，「真我」本來就完美，那為什麼又要弄出一個色相世界、一個相對層面來折騰呢？這也許正是兩面一體、看似矛盾卻統一的妙處。

六祖惠能得道時曾讚歎：「何期自性本自具足。何期自性能生萬法。」

也許，沒有一個對立面，我們本已具足的「佛性」、「自性」，只能停留在理論層面，卻永遠無法被彰顯、被感知。沒有黑暗，哪能顯出光明的溫暖和力量？這種（其實是我們自己設置的）「挑戰」，也許正是我們昇華、成長過程之必須。

相對層面，是頭腦的產物。時、空，也是頭腦的觀察與記憶、聯想與推理，並非實有。永恆、絕對、大道，只存於當下。也就是當下的「心」。

要從「相對」回到「絕對」,「有限」回到「無限」(其實「回到」也不確切,因為這裏並沒有一段路程、距離),唯一的辦法,是回到心。這就好比浪花要知道自己是水,唯一的辦法就是看回自己,而不是往外尋。

「心」的文化

中國詩詞,就是捕捉當下剎那的情感真實,借景以抒情。

中國戲曲沒有固定時空,一切隨心而行。

石濤曰:「夫畫者,從於心者也。」

揚雄說:「言,心聲也;書,心畫也。」

一個民族的藝術特色,深藏着一種文化的宇宙觀與成熟度。

中國藝術從其形成、立意、風格與追求,無不透出了道、禪的影響與智慧。

以人為本,以心為源。

或許,這正是從另一側面解釋了中國藝術家為何沒有走上寫實之路。那是因為他們所嚮往、所追求的,是對「道」作為生命本源(「無」)那一層面的體會與反映,而非僅在一個框定範圍(時空)裏,主要以五個感官去體察出來的那種「真實」。這不是一種理論性的指導和認識,而是已然刻烙在文化基因裏的一種美學意趣與感知。

中國文化,始終是遨遊萬里長空的「心」的文化。但這種遨遊,並不是雜亂無章、肆意妄為。我們的心要體現出來,離不開規範、法度、修為。

下面談到的「形」和「神」,我們繼續從藝術上去探討。

禮樂與程式

　　戲曲的「虛擬性」，使其必然走向「程式性」，為的是刻意避開一種「生活真實」。

　　京崑舞台上，一個蘭花指、一個台步、一個雲手、一個鑼鼓點；從演員的一言一行、一舉一動，到樂隊每一個鑼經的配合，無一處不是程式。

　　我們的「心」要在舞台上得以體現，靠的是規範的「形」（程式）。

　　談到「形」，不能不一提西周的禮樂制度。人們大多認為儒家在戲曲的體現主要在於劇本的道德倫理，卻往往忽略了其藝術教育的先驅地位，乃至對戲曲「程式性」的形成所帶來的深遠影響。如果說老、莊思想能讓我們馳騁、遨遊於天地之間，從而產生了戲曲隨心而行的時空自由，那儒家文化，則為我們在舞台上的一舉手一投足，提供了具體的方向和指引。

　　早在周朝時代，我們的祖先已經對身體的「形」十分重視，而且落實在每一個人的日常生活當中。涵養不單止是心中的修為，而且必須通過相應的「外在」以表現之。反過來說，經過精心設計的形體動作，本身也是對「內在」的一種薰陶。是以禮樂中的「樂」包含了三個方面：音樂、詩歌、舞蹈（形體訓練）。

儀表的規範

《禮記‧冠義》曰：「禮義之始，在於正容體、齊顏色、順辭令。」

教育孩子，從規範儀表着手：端正姿容體態，整飭臉上表情，理順言談辭令。

用今天的話，就是要求孩子「坐有坐相，站有站相」；不得撇嘴白眼，面露不屑；不得粗言穢語，伶牙俐齒，故作聰明。

用什麼去「正」這個「容體」？

用「文舞」和「武舞」。而且要按時令進行：「春夏學干戈（武舞），秋冬學羽籥（文舞）。」

再具體一點：

13歲「學樂，誦詩，舞勺（文舞）」；15歲「舞象（武舞），學射御（射箭與駕馭馬車）」；到20歲加冠，「始學禮，可以衣裘帛，舞大夏」。（《禮記‧內則》）

從這個教程可見，「樂」，其實是「禮」的準備。否則不會先學幾年舞蹈，然後再去學一些大的禮儀。規範的形體，是每一個有修養的人之「必修」。「自古自天子至於庶人，無有不能舞蹈者，以其從幼習之也。」

逐漸地，規範的「形」成為做好一切的先決條件，又因為這種「形」「神」的緊扣，我們甚至可以觀外而知內。譬如「射藝」。

射箭者需要「內志正，外體直，然後持弓矢審固」，能夠做到握弓持箭瞄準穩定牢固（也是先「正容體」），才可以談射中目標。而整個比賽過程中，射手行禮儀的姿容、射藝的表現等等，「此可以觀德行矣。」因此古代天子「以射選諸侯、卿、大夫、士。」（《禮記·射義》）

文舞、武舞

再回頭說說文舞、武舞。

周朝有「六大舞」（又名「六樂」）：雲門、大章、大韶、大夏、大濩、大武。分別讚頌黃帝、堯、舜、禹、商湯與周武王。前四者為文舞，後二者為武舞。文武之分，與諸位先王治國歷史有關。黃帝、堯、舜、禹以文德定天下；商湯、周武王以武功取天下。故名。

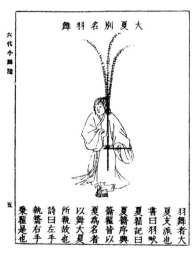

▲ 文舞（左）和武舞

此外，還有拿着不同道具與徒手的「六小舞」。

《論語》記載：「子在齊聞韶，三月不知肉味。」就是說孔子在齊國欣賞了《大韶》樂舞後的極度讚歎。

節奏

除了對形體的講究，周人還發現了「節奏」的秘密。

節奏，不僅是一種速度的快慢，更是一種內在韻律的呼喚，氣場的流動與調配；它能將精氣神瞬間聚攏，也是對規範形體最好的突顯與襯托。是以周人的生活行動舉止，無一不在節奏之中。

> 教樂儀，行以肆夏，趨以采薺，車亦如之。環拜，以鐘鼓為節。（《周禮·春官·樂師》）

教導（王）要依音樂節奏行禮儀，行走的時候依〈肆夏〉的節奏，小步快走的時候依〈采薺〉的節奏，乘車也如是，身行拜禮時就依鐘鼓的節奏。

這裏的〈肆夏〉、〈采薺〉，均為逸詩（沒有收錄在《詩經》的篇章）。而當時的詩，是可以唱誦的。

至於乘車，如何也按〈采薺〉的節奏？

原來西周馬車有一種裝置曰「鑾鈴」，馬跑起來時，不單鈴聲悅耳，還能起到警示周圍、如同今天汽車喇叭的作用。乘車按〈采薺〉，指的是鑾鈴發出的聲音要合乎〈采薺〉的節拍。

即使體育競技的射箭比賽，古人依然離不開音樂。

> 北面請以樂於公。公許。……東面命樂正曰：「命用
> 樂。」樂正曰：「諾。」司射遂適堂下，北面視上射，命
> 曰：「不鼓不釋。」……樂正命大師曰：「奏〈貍首〉，
> 間若一。」（《儀禮·大射第七》）

這裏最重要的，是「不鼓不釋」——射箭若不和鼓拍相
應，即使射中也不算數。因此，奏〈貍首〉以助射時，要「間
若一」——每遍所奏的時間長短都要一致。另外，射箭前射手
還有先聽幾遍樂曲的機會，以便掌握節奏。

從上述諸多例子可見，西周禮樂內容豐富，所涉及的面可
謂巨細無遺。其理念與實施，不只奠基了中華文化，塑造了
我們的民族特性與品格，在戲曲的形態上，也有着不可磨滅
的影響。

行當藝術

首先是這種「內在」與「外形」的深層連結與緊扣。

「形」不是獨立於內在的，它永遠是內在的外化和呈現，
同時也是對內在的教化、薰陶。它們的互為關係和作用，實
質上是日後表演藝術「形神兼備」的一個奠基，也是千年留
下來的一種審美。

兩千多三千年前的文武概念，在世上可謂獨樹一幟。這是
華夏文明對人的氣質、內涵和能力極高標準的要求。溫文儒

雅、謙恭大度；氣宇軒昂、雄健威武都能同時俱備，確實不易。這個概念對戲曲的作用，顯而易見。在京崑行當的劃分中，必有文、武的分支。比如青衣、花旦，刀馬旦、武旦；文丑、武丑等。而真正的文武全才，也屬最難能可貴。

祖輩們對形體及節奏的重視，自然導引中國戲曲走向一種載歌載舞的形式。而作為戲劇門類，戲曲沒有把人物角色作為一個「個體」去考慮，卻是以「類別」（行當）去劃分，則是植根於「禮」的觀念。

「禮」是社會秩序，人際關係的長幼、尊卑。實質也就是關於分類、名份與規格。

孔子曰：「君君，臣臣，父父，子子。」（《論語・顏淵》）每個人皆有他在社會、家庭的位置、義務和權利。君要像個君，臣要像個臣。故首要任務是明確身份：「必也正名乎！」「名不正，則言不順；言不順，則事不成；事不成，則禮樂不興；禮樂不興……則民無所措手足。」（《論語・子路》）

如同禮的深層意蘊，歷代藝人根據人物之性別、年齡、性格特徵、社會地位、職業、品性善惡等，把角色分為生、旦、淨、丑四大類（以京劇為例），每個行當均有自己一套完整的表演方法，即我們的「四功」：唱、唸、做、打（也有稱為「五功」即唱、唸、做、打、舞），以及具體實行時的「五法」：手、眼、身、心、步。正如「君君，臣臣，父父，子子」，老生要像老生的樣，武生要像武生的樣。若再細分，則閨門旦有閨門旦的「範兒」，花旦有花旦的「範兒」。這是落實到每一下舉手投足上的。各個行當有它「四功五法」的規範，每一個演員都必須經過認真學習，否則誠如上述：「則民無所措手足」，實實在在的連「手腳都不知道往哪兒擱」。

戲曲行當，將「形」的藝術推至極致。這是一個高度的藝術總結與提煉，並已形成一個相當完整的體系。它超越了性別、年齡的限制；它如同一本詞典，內裏含藏了一切人物描繪之所需。可以說，**沒有行當藝術，就沒有戲曲藝術**。任何人學習戲曲，第一件事是要把他所屬行當的「形」找準，否則一切皆空談。

無節不作

先輩對「行為節奏化」的匠心獨運，直接影響着戲曲的另一標誌性特徵——打擊樂。

孔子曰：「禮也者，理也，樂也者，節也。君子無理不動，無節不作。」

孔子這句話雖然是宏觀的，卻絕妙地適用於戲曲藝術。

節，包含了節制、節奏等意思。京崑舞台上，我們每動必有因，**每動必節制在一種節奏之內**。

這也是戲曲與別的舞台綜合藝術最大分野之一。

音樂劇、歌劇；甚至戲劇、電影都會出現敲擊樂，記憶中電影《臥虎藏龍》裏一場屋簷上的奔跑、追趕、打鬥，足足用了五分多鐘的純擊樂片段，而且相當成功，予人印象深刻。但在這些藝術形式裏的擊樂運用，是片段式的，配樂式的。若果作曲家有別的意圖，或許該段落也可以用別的音樂手段取而代之。

在戲曲裏，打擊樂的位置與功能卻是非同一般。它並非可有可無，時隱時現，而是從頭至尾，貫穿全劇。它猶如一個骨架，將各種藝術手段（唱唸做打舞）有機地聯接、交織，

使之融為一個藝術整體。可以説，**打擊樂是使戲曲之為戲曲的一個必不可少的組成部份**。

千年的傳統，在戲曲藝術長河中得到了深度的發揚。

京崑打擊樂早已超越了僅僅作為氣氛的陪襯，而是形成了有特定語彙的一個體系。

記得有一年在 Queensland Conservatorium（昆士蘭音樂學院）與打擊樂系學生做工作坊，他們看到我們武場的配合與操作，只驚歎地説了兩個字「No Way!」（不可能的！）

戲曲舞台上的節奏是神奇的，打擊樂與演員時刻互動着。真正的表演藝術大家，總是能夠巧妙地運用鑼鼓，與樂隊一起創造出無窮的氣韻和神采，予人（包括觀眾和自己）一種不可言喻的提神和快感。正如孔子道：「行而樂之，樂也。」

中國戲曲程式的形成，有着深厚的文化背景與底蘊，行當藝術與打擊樂，潛藏了箇中一切奧秘。正是它們，使戲曲徹底脫離現實生活原型，走進妙曼的意象世界。而這，才是戲曲藝術真正精華之所在。

「形」的再思考（一）

「形神兼備」，是傳統藝術追求的一個境界。

有時人們會認為，「形」與「神」相比，「神」似乎更為重要一些。其實不然，沒有「形」，而且是規範的「形」，「神」是無法體現的。

書法中有云：「形不似，神不出。」

我們在欣賞書法時，注重的並不是內容，而是其筆法、佈局、行氣、墨色，其一撇一捺、一勾一點給予人的美感和快感。奧妙，全在於這些本身似乎沒有特定意義的東西上，但卻只有通過它們，才能通達到一種「狀態」，達至一種氣韻的靈動。

讓我們從不同側面，看看「形」的妙用與重要性。

聽過一位名醫講《黃帝內經》，當中談到華佗創造的「五禽戲」。

為什麼要模仿動物？因為動物渾然天成，不似人類後天意識那麼強，保存先天純真東西較多。「模仿牠的形，就會得到牠的氣，得到牠的氣就會通你的神。」練不同形，以調不同的臟器。

又聽過一位瑜伽上師講述瑜伽真諦，也談到了「形」。

「真正的瑜伽，」他說：「並非像現時絕大多數將身體扭曲旋轉、或頭下腳上如馬戲般的表演。其本意，在於調整、操控身體，以達至完美的幾何形狀。」

什麼才是「完美的幾何形狀」？那就是「當你身體的幾何結構，與造化的幾何結構一致、同步。」

　　印度「瑜伽」一詞，本意就是「合一」。

　　哈他瑜伽（Hatha Yoga —— Ha 為太陽，tha 為月亮），指的就是作種種「體式」練習的一種瑜伽分類。

　　他舉了一個有趣的例子：就如七十年代的電視，當你看見螢幕充滿「雪花」時，你需要跑上天台去把天線微調，一旦校準了，畫面重回清晰亮麗。

　　換言之，哈他瑜伽就是讓身體得到校準，使之處於一個恰當的位置，如此，你就能「下載」整個宇宙，達到與天地合一。

　　「瑜伽，是『體式』（Asana）的科學。透過有意識地讓你的身體進入某個姿勢，可以提升你對生命的感知。」

　　「瑜伽，是調校你整個身心、情緒、能量，使之成為通往『大道』的一條階梯；使你的自身，成為通往終極層面的通道。」

　　這是差之毫釐謬以千里的事情。因此，必須精準。

　　「任何東西只要是幾何結構完美，都會運行暢順，且歷久不衰。」

　　高人創造出來的形體動作，背後有着明晰的建構意圖，且殊途同歸，都是通天地、歸大道，自然也達到強身健體。

　　這使我想起對「形」極度講究的武生大家李玉聲先生。早已年過古稀，卻是腰板筆直，多年的練功，身上卻無一處傷。他擅長借力使力，四兩撥千斤。而且總是通過大自然氣象的千姿百態和無窮變幻，以取得靈感來豐富自己的表演

藝術。

這種建基大道、取法自然的思維、方向及敏感度，使得他的藝術永遠「運行暢順」、「歷久不衰」，從未因年齡而韻味減褪，反之，卻是如酒般越老越醇厚。

因為「形」的重要性，也因為練習的時候，外形其實也起着薰陶內在、改變氣質的作用，故在中國傳統藝術中，對於樹立「典範」就顯得特別的慎重。一般來說，必以中正、大氣為基礎。譬如旦角以青衣戲開蒙，是避免先學花旦會落毛病。未得規矩先學靈動，恐怕這種「靈動」也只能是無根的浮誇。

又如書法中的「顏體」，每一筆一劃，都透着中正、大度、仁厚，你在寫這一筆一劃時，不可能心歪神邪，否則你永遠寫不好、達不到。大師的「典範」，實質起着一種扶持、「護航」的作用。後人即使不明其所以然，只要老老實實跟隨指引，不要妄自尊大急着去篡改，則皆能循此路而步入正軌。

中國書法、戲曲，其「形」的形成過程就是氣韻運走的過程。當你「臨摹」經典時，就是嘗試進入一種氣場，「代入」一種韻律。通過他們的「形」，可以找到一種由心而發的「範兒」；找到了這種感覺，才能領略藝術最本源的東西。

其實，這種「範兒」一旦找到了，你會是非常願意進入這種狀態。因為只有這樣，你才能享受那門藝術賦予你的快樂。而且，因為有一個「形」的依托，我們在千錘百煉的過程中，不會產生一種疲憊感，反而越熟練樂趣越大。若以演

戲為例，則「形」給了我們一個實實在在的「着力」點，是以喜怒哀樂不至於「無根」，表演不會流於虛浮，感情不會墮入一種虛無縹緲之中。

讓我再借用李玉聲先生一句話：「『形』是基礎的基礎，只有把基礎砸瓷實了，才能以熟練的規範程式找到正確的感覺、意識。感覺對了，『情』自然湧現。」

因此，真正的「形神兼備」，必立足於功法，通過內、外不斷的互為作用，長期反復磨練，再加上各方修為與酸甜苦辣的人生歷練，方臻神妙之境。

「形」的再思考（二）

本書裏提到，我最佩服的其中兩位藝術家：電影演員 Anthony Hopkins（安東尼·鶴健士）與默劇大師 Marcel Marceau，他們都毫無疑問地做到了「形神兼備」。

Hopkins 演戲，不會花時間在「鑽研」角色心態上，而是不斷熟習劇本裏的每句台詞、每個調度，從而找到相應的形體感覺（詳見〈Anthony Hopkins〉）。因為他將表演細節毫無遺漏地溶化到自己血液當中，故有戲迷讚曰：「一個眼神、一個腳步就足以致命！」

看到過 Marceau 示範講課錄像，太精彩。從他自己第一堂課學習「步法」講起，譬如：如何製造出行走的幻象，或遇上「反作用力」時（如逆風而行、或被風吹至倒退）如何表現。看過的朋友必然會聯想，這不是 Michael Jackson（米高·積遜）的「月球漫步」嗎？是的，這正是 moonwalk 的「出處」。

Michael Jackson 自小崇拜馬素，後來一直嘗試將其默劇動作融進自己的舞蹈中。馬素亦相當讚賞 Michael 的再創造。

再回到講課。Marceau 之後還講解、示範了如何用默劇手法，表達五個感官的感受（看、聽、聞、嚐、觸）。

比如「看」，你看到的是一個人（是高是矮？）、是車（汽車？火車？）、是蝴蝶、是狗、是鳥？……

不是說抬頭望天，心「想」着我看到鳥就成了。人家怎麼

知道看到的是鳥而不是飛機？

是人是車是狗是鳥，關鍵在於頭部的角度、移動／顫動的速度、目光的高低、眼神等等。

Marceau 此時用「頭」與眼神，表現出一隻鳥兒迂迴飛翔、駐足、再振翅的優美動律。從他的表情、表演，我們甚至看到了小鳥的輕快與喜悅。

又如「觸」，你觸摸的是絲絨、是玻璃、是石頭、是絲綢⋯⋯都是要通過不同的「手」法去表現的。

上面所述，Marceau 均逐一演繹。其實，他是在生動地介紹着默劇的本質，乃至最基礎的功夫。

其引人入勝處，是他能將最簡單的基本功（真的就是一抬手、一舉足、一注目），都讓你感受到一種生命、能量、意趣與韻律。

他與學生都在做着「走路」的動作，完全無異。然而分別是巨大的，在於他的檔次格調、技巧的絕頂成熟，與無與倫比的靈氣。

他是「形」的大師，身體每一寸肌肉、關節都經過鍛煉，運用自如。

那股靈氣，就是「心」的感覺，由心引着「形」走。形與神一旦扣準了，怎麼做怎麼對。

Marceau 還談到了一個成熟演員和一個初學者的最大分別。

學生往往以為，因為自己感情澎湃，感受良多，自我感覺十分良好，觀眾就會見他所見，一切與他感同身受。

這個我也有體會。年輕時也犯過同樣的毛病：充滿（自以

為的）激情去彈一首曲子，彈完後老師不以為然，甚至表現出他根本不太在意你剛才在彈什麼（因為沒吸引住他），只冷冷地說：「你只把音符彈了一遍而已。」當時我覺得委屈。

後來慢慢明白表演之道，特別是當了老師之後，教課時，發現最容易「入戲」的學生，通常表現都不太理想，因為他甚至沒聽清楚你在說什麼已經在「自我陶醉」了。因為只顧「自己」感受，把該注意的地方都忽略了，或根本無法靜下來去好好領會。

真正的表演，不是只求自己「過癮」，而是一門非常深入細緻，動心也動腦筋的學問。

Marceau 表演吃東西：好吃的、淡然無味的、難吃的。

在「難吃」上，他用了一個非常誇張、愕然、甚至驚恐的表情。他說，這時候須如「慘劇」（tragedy）發生一般，譬如地震。

「什麼？地震跟『難吃』能掛上鉤？」

「是的。女士先生們，」Marceau 道：「只是皺皺眉、搖搖頭是不夠的。表示難吃的那一刻，對你來說就該如同碰到『慘劇』發生的一刻。做到這個程度，別人才會覺得好看、幽默。」Marceau 說：「我是想藉此說明一種『程式性』的表演。」（a stylized way of playing）

換言之，當你表演「難吃」時，你心中當下想的並不是「難以下咽」，而是全身心去把這個既定「程式」做好。

正如戲曲裏的「踢槍」，如果你當下想的是「奮勇抗敵」，那恐怕槍會掉滿台。你注意的必然是配合、節奏、準繩，乃至身上的美。

你的「情」，早已寄托在一個具體「程式」上了。

説到「身上美」，Marceau 繼續示範摘花、聞花。從站的姿勢、微蹲、摘花的「手式」（還要特別注意不摘花那隻手的姿態）、聞花之前後腿的一小歸步，回到一個很有品味的站姿……

一切都是「一」：一個整體。身體的每一部分都有關聯，不能顧此失彼。而所有形態，「**都要以畫家和雕塑家的眼光處理之。**」

程式性表演不是「自我陶醉」、「忘我投入」，而是時刻處在一種「藝術清醒」狀態，對技巧處於極高的敏感度（因為感覺是從這個基礎而來的），通過不斷自我完善，讓觀眾去陶醉、去哭去笑。

蓋派創始人蓋叫天先生曾説過這樣一段話，可與 Marceau 呼應。

在練功休息時，蓋老總愛閉上眼睛默想。他形象地説：「叫自己的『靈魂』到地上去，照我剛才練的樣子，從頭到尾演練給『我』看。我一拳一腳地檢點，看到有一點不合格，就給『他』糾正。」然後再睜開眼睛，站起來「練給『他』看。」

也就是説，對每一下動作，自己都處於極清醒的狀態去「審視」，然後再回過頭去「打磨」。

「練功如寫字，必須一筆不苟。」蓋叫天説：「如果其中有一劃潦草，整個字就都成了『敗筆』……如果其中有一個舉步跌跌撞撞，整個身段就『如球洩氣』。」因此，每一個姿式，「**都要練到成為可以雕塑的獨立雕像。**」

這就是大師的共通點：不放過每一個細節，不作無謂他

想，直接了當追求本體藝術的完美，處處顯出純正、平衡、和諧、品味。

程式藝術，不管中西，到了頂點，便是一致。

幾篇隨筆

聲情　vs　辭情

Pavarotti 的〈Nessun Dorma〉，唱得世界震驚。最後的高音，那開闊、共鳴、透亮與不費吹灰之力，使人暗歎：世上竟有這樣的聲音！如果是音樂會現場，有時未等全曲奏完，掌聲與歡呼已如山洪傾瀉，一發難收。

一天興起，跑去細閱歌詞內容，原來最後是「我將獲勝」的意思。我再聽這一段時，嘗試把每一句的意思對號入座。壞了！我完全跑「戲」外了，即使聽到那最震撼處，也似無動於衷。

顯然，純粹與無可懈擊的聲音，比內容更打動人心。

我更明白為什麼以前兒童只需背誦詩詞，寫字臨帖，無需明其所以（積累多了自然有一天豁然開朗），因為詩詞的韻律、書法的一撇一捺，自帶着觸動靈魂的力量。

我更明白為什麼禪宗的「公案」，老師往往驢唇不對馬嘴，甚至當頭棒喝（這個成語便是從禪宗老師讓學生開悟方法而來），那是讓你離開思辨邏輯，直接進入實相。

中國傳統教育完全遵循這種高度智慧進行，卻常被認為缺乏理論系統，不懂闡述總結。殊不知有些東西就是不可言喻，只能薰陶浸淫。正是「道可道，非常道。」

佛音

朋友送了一盤 Ani Choying Drolma（瓊英·卓瑪）的錄音給我，我馬上被這純淨低迴、遠離塵囂的吟唱所吸引。這聲音讓你心靜、回歸。

Ani Choying 是尼泊爾比丘尼，她唱的是經文、咒文。但我並無好奇心去了解她唱的內容，甚至非常慶幸對唱詞一無所知。如此，我可以完全地沉醉在那聲音裏面。我相信，文意要表達的，已全然在這天籟之中了。

偶然聽到瑜伽上師 Sadhguru 説，唱 Mantra（聖歌、咒文）最好的方法，是你不懂其意。唱頌是一種聲音、一種迴響。Mantra 不是關乎「意思」，它在於你把你自己完全融入這種聲音、這種震蕩。

Mantra 就像一個保險箱的一組密碼（只不過它是一種聲音模式的組合），一旦你弄對了，通往造化「創造之門」就打開了。

原來，我一直只想欣賞 Ani Choying 的吟唱而不想知道內容，也不是完全沒有道理的！

大道至簡

心裏煩躁、不平靜時，我會寫字。筆尖的轉動，落筆的勁道，水份的恰到好處⋯⋯會給你一種不可言喻的喜悅。

兩筆之間的呼應，不自覺產生的遊絲、「小鳥」（鵝頭），讓你充滿着快樂與滿足。書法藝術，沒有大條道理，就是做好一筆一劃的事情。

小時候在兒童讀物裏看到過這樣一個故事，不知為何印象竟如此深刻，好像連插圖都記得。

國王為公主選婿。他把女兒放在一個寶瓶裏，說誰有本事打開這個寶瓶，誰就能娶公主為妻。一時間，應徵者個個摩拳擦掌，施盡渾身解數。各式各樣的法術，令整個場地狂風迭起、飛沙走石，然寶瓶卻是紋絲不動。待風沙平息，一個俊朗樸實的年青人，直接走向了寶瓶，真誠地用雙手捧起寶瓶蓋子……就這樣，寶瓶打開了，美貌絕倫的公主站了起來。國王大喜，宣佈選婿成功！

其實，瓶蓋沒有用任何的方法「密封」，只不過平放在上面。唯一眾人等，捨近求遠，心「有」旁鶩，故反而忽略了（或是根本看不起）最直接簡單的辦法。

一行禪師在《見佛殺佛》中敘述他初當小沙彌時，有這樣一段文字：

> 在進入寺院以前，我已接受了一些西式的教育。我那時已先有了一個印象，認為寺院中教授佛教的方法有點過時。首先，我們被要求背下整本書，然後在沒有任何理論原則的解釋下，開始實際修習。我和另一個沙彌談了這些想法，他對我說：「這裏就是這樣，如果你想學禪，就必須接受。」於是我便接受，以傳統的方法開始自己的修行。

一行禪師說的那本書，是《沙彌沙彌尼律儀錄要》。「書中沒有一點哲學」，只是指導日常生活與基本修行。其簡單程

度，就是教你如何在洗手、吃飯、步行等這些不能再平凡的行為當中，保持着覺知，心無二用。

一行禪師續道：「在十六歲時，我以為《沙彌沙彌尼律儀錄要》只是為那些開始禪修的年輕人寫的，以為那只是一些準備。但如今⋯⋯我明白了它所講的正是禪宗的本質。」

學藝與修道一樣，最重要的，往往就是最原始最基本的東西。

量子力學與美不自美

首先聲明，我不是一個科學人，中學時期的數理化早已忘得一乾二淨，或者說從來就沒有真正明白過。近年，偶然的機會我看到了關於「量子力學」的文章和講課視頻，我居然是如此地被吸引！太有靈性了，量子力學的奇妙在哪？在於它徹底顛覆了人們對「客觀世界」的認識，卻又與中國傳統文化的宇宙觀是如此的吻合。

讓我和大家分享一下我所讀到聽到的。

疊加態

一般來說，人們認為一個物體在一個特定的時間裏，必定有一個確定的空間位置，這種存在，是不以人的意志為轉移的、是客觀的。比如說，朋友現在在客廳裏，或者現在不在客廳裏，兩者必居其一。或者說，學校有五層樓，某同學一定在五層樓的某一層，不可能五層都在，這是「常理」。但是，量子力學告訴我們的是，朋友既在客廳又不在客廳；同學五層樓都在，而且是同時在。這叫做「疊加態」。也就是說，在這個狀態下，一切可能性都是同時存在的。

塌縮

是什麼決定哪個狀態會呈現呢？你只要去看一看，即實施一個「觀察」的動作。這一觀察，朋友的存在狀態就「塌縮」了，一下子變成或在客廳，或不在客廳的**唯一**狀態了。

所以量子力學神奇就神奇在：你不觀察它，它就處於疊加態；你一觀察，它這種疊加狀態就崩潰了，它就真的只在 A 點，或者真的只在 B 點了。

再舉一個「光」的例子。曾經有兩大學派爭論不休：以牛頓為代表的認為光是「粒子」，另一派則認為光是「波」，各自都有很多理據支持自己的觀點，兩個學派都曾先後各領風騷。

後來人們又發現，原來所有微觀粒子（包括光子）都同時具有「波動性」和「粒子性」。「波」者，是彌漫和充滿整個空間的，即無處不在，也不特別在一處。「粒子」是有確定性的。「波」、「粒」在「經典世界」（即現代科學所認知的世界、應用的定律）裏，是矛盾、不相容的；但在量子世界，二者卻是統一、互補的。

為了能夠更深入了解這個現象，對量子力學影響最大的「哥本哈根學派」做了一個對光子的實驗（詳情我也無法複述，因為我也弄不懂），重要的是其結論。大意是：某些物理對象可**同時具有相互對立的屬性**，這些屬性**可根據觀測方法的不同而相互切換**。也就是說，光子到底表現出波動性還是粒子性，取決於觀察者所使用的探測裝置 —— 你是測量「波」

的，它就表現「波」；你是測量「粒子」的，它就表現「粒子」。

如此說來，非但從不確定到確定之先決條件是「意識」的參與，而且你看見的世界，正是你想看見的世界。「念頭」產生了「客觀」，因為念頭就是觀測。

美不自美

人們談傳統美學時，總是會引用柳宗元的一句話：

　　夫美不自美，因人而彰。

我們平常的理解：「美」是不能單獨成立的，它需要有人的審美活動，是需要被觀者彰顯出來的。故美，「是發現，是照亮，是創造，是生成。」（葉朗《美在意象》）

「蘭亭也，不遭右軍，則清湍脩竹，蕪沒於空山矣。」
若不是王羲之，蘭亭的清溪秀竹，也只能隱沒於荒蕪空山之中了。

王陽明說：「你未看此花時，此花與汝心同歸於寂；你來看此花時，則此花顏色一時明白起來：便知此花不在你的心外。」
這些原來屬於陽明「心學」或美學範疇的語句，如今看來，簡直可以用來解釋量子現象。

因此,「天地與我並生,而萬物與我為一。」也不只是一種逍遙豪放的暢想;「凡所見色,皆是見心」、「世界微塵,因心成體」,也並不是什麼高深的玄學,或哲理性的比喻,而是在以大白話述說着一切事物的實相。

外面根本沒有一個真實的世界,一切都在隨着我們的心在動,在變化。「凡所有相,皆是虛妄。」有人認為這是悲觀,好像叫我們什麼都看開些,人死了也別太悲痛,情人拋棄你也不要太傷心,開心的事也甭太開心,因為所有事物都「如夢幻泡影」。

如果你把這些話當作是自然科學,講的是最平白的物理現象和宇宙法則呢?並且老師在教你如何在這種法則下活得痛快,那麼這些話,就成了最大的樂觀了。

人生的一切都是「假」的,「活」的,可變的。

多虧這個法則,你有了真正的自由;

多虧這個法則,你才有不斷更新的可能性;

多虧這個法則,我們可以參與創造,把世界變得更好,把自己變得更好。

老師提醒你這一切都是幻象,你只不過忘了自己就是魔術師,也忘了變戲法的竅門,你被自己變出來的東西給嚇倒了。快找回你的「魔術棒」吧,它就在你身上,它就是你的心!

世界上,只有一樣東西我們有絕對的控制權,那就是我們自己的心。即使你說我的「道行」不夠,我的想法不足以改變世界,但你自己內在的感受是你自己說了算的。同樣一件事,你心裏美,美就(對你)呈現了;你心裏惡,惡就呈現了(如同測「波光」或測「粒子」)。我們每時每刻的「感受」,

實際上就是我們的「現實」。

再回頭補充一句，量子力學關於「對立矛盾」但又「統一互補」的認知，其實便是中國傳統文化宇宙觀。正所謂「禍兮福所倚，福兮禍所伏」（《道德經》）、「彼出於是，是亦因彼，彼是方生之說也」（《莊子》），只不過現在是用「科學」的方法也驗證到了。難怪哥本哈根學派代表人物波爾（Bohr）設計的盾徽，沿用了中國的雙魚太極圖，上寫着拉丁文 contraria sunt complementa（對立即互補）。

佛、道與現代科學，一個走的是與天地合一、內外不二的途徑；一個是遵循理性分析、邏輯思維的途徑。雖然「殊途」，似乎已越來越接近「同歸」了。

學藝之道

戲曲藝術的傳承，有幾個關鍵所在。首先要說的，是「口傳心授」。

口傳心授

「口傳心傳」這個詞，源於解縉之《春雨雜述·學書法》：

> 學書之法，非口傳心授，不得其精。

到底什麼意思？我們先來看一段《莊子·天道》裏的小故事：

齊桓公在堂上讀書，輪扁在堂下砍削材料製造車輪，他放下手中的椎子和鑿子，走上堂來問桓公道：「敢問，桓公您所讀的是什麼言論呀？」桓公說：「是聖人之言。」

再問：「聖人還在嗎？」桓公說：「已經死了。」

輪扁說：「既然如此，君王您所讀的書，不過是聖人留下的糟粕罷了。」桓公說：「寡人讀書，你一個造輪子的匠人怎能議論？說得有理猶可，無理的話便要處死！」

輪扁說：「臣是從臣僕工作角度來看的。砍斫車輪，如果手上太慢，輪樺（孔眼）容易鬆滑不牢固；太快，又容易太緊而滯澀難入。要做到不慢不快，心裏怎樣想，手裏就能

怎樣做，這些都無法用嘴去說，但確實有技術與奧妙存藏其中。我不能教我的兒子，我的兒子也不能受之於我，這就是為什麼我七十歲了還在砍斫車輪。古人與他那無法言傳的東西一起死了，所以君王您所讀的書，也就是古人的糟粕而已了。」（《莊子·天道》）

這裏很好地說明一個道理，真「玩意兒」不是用語言可以表達的，也不是通過書本、錄像可以學到手的，因為它不是一種知識。曾經聽説有人覺得電腦 3D 技術可以幫助戲曲學習，譬如一組動作，請一位大家來示範，用高科技拍下，那他的手抬多高，腿是怎麼踢的，甚至他的背部等都可以準確無誤地、全方位地記錄下來。但我只能説，這本身就與真正的傳承徹底背道而馳。

我們之前説過，傳統藝術是離不開一個「心」字的。我們寫字的時候，京崑走身段的時候，「心」是無限的，沒有時空的（也就是當下的）。我們向老師學習，就是嘗試感受他所感受，他的「氣」、他的韻律、他的「範兒」。這些都以「心」去統領，無法描述，只有親證親悟，故只能**以心傳心**。如果愣把這一切擱到一個 3D 空間（3D 本身就是一個相對、假有 make-believe 的空間，它會馬上使你進入「局外人」般的觀察狀態），你再用「腦子」去研究，拆件去分析，那這個感覺從根本上就錯了。這不單止不會幫助你學習，恐怕將使你永遠到不了目的地。就如同人的經絡，你從解剖方法可得之否？答案是絕對的否定。

其實傳統文化自有一套非常完整、完善的傳承方法，這些

是經過多少代人總結出來的經驗，你只要老老實實循此道而行之，則未有不達者，捨此別無他法。

何謂正確的學藝之道？有幾個方面。

老實繼承

解縉在《春雨雜述・學書法》裏續道：

> 大要臨古人墨蹟，佈置間架，擔破管，書破紙，方有功夫。

首先，要老實學習、繼承前人的寶貴遺產。

在傳統文學藝術當中，無論是詩詞、書法、戲曲，我們都有一個非常明晰的藝術標準，因為我們的審美，建基於一個共同的文化底蘊，而且是一代一代不間斷地流傳下來。以前的孩子，從小開始背誦詩詞、文章，臨摹字帖，為的是從感性上去薰陶他們的品味，樹立楷模，使之在文學藝術上均能始於一個非常高的起點。這裏沒有批判思維（critical thinking）（或後來譯的明辨性思考），也不需要刻意去弄「懂」什麼，因為那一點一劃，那「詩的詞藻和韻律美」，會「直接訴諸人的靈魂。」（季羨林〈推薦十種書〉）你只需要放鬆心情，浸淫其中，像海綿一樣盡情地吸收。好比嬰孩學步，這些前人的寶藏，會一路把你扶持，讓你有所依傍。直到有一天，你所默默積累的一切會豁然開朗，你發現，你已具備力量展翅高飛。

薰陶加苦練

兒時的薰陶，對於學藝是極之可貴的，而且事半功倍。且看俞振飛老師一例。

小振飛三歲喪母，父親俞粟廬因老來得子，十分鍾愛，堅持親自照料。小孩兒白天尚可於嬉戲中度過，唯一到晚上，總是哭鬧不停。父親無計可施，只得對兒子說：「勿要哭，勿要哭，我來唱支曲子撥儂聽聽。」俞老先生唱的是湯顯祖《邯鄲夢‧三醉》裏的【紅繡鞋】。說也奇怪，小振飛聽了這支曲子果真不哭了，有時候未等唱完他已呼呼入睡。如是者這支「催眠曲」一唱便是三年，而且永遠奏效。

小振飛六歲那年，一天正在天井玩耍，聽得父親在教唱這段【紅繡鞋】，可那個學生怎麼都沒弄對。於是他走進堂屋說道：「倷唱得勿對，聽我來唱！」俞粟廬覺得兒子無狀，沉下臉說：「倷幾時會唱過？小囡勿要說大話，倷出去白相（玩耍）。」

小振飛心感委屈，堅持要唱：「我是會唱個嘛。倷吹，我來唱！」俞粟廬將信將疑，只好拿起笛子。誰知一曲唱罷，居然全部都對，沒有丁點兒的錯誤。那時，小振飛對曲文還是一字不識呢！

原來於毫無壓力下，潛移默化中，小振飛已經「薰」會了。

但這樣夠嗎？當然不！這是幸運的第一步，還要有一個苦練的過程才能成材。

俞粟廬老先生自發現兒子的天賦，決心正式教他唱曲。平常他是慈父，可在唱曲這件事上他是絕對的嚴師。每天黃昏

以後是拍曲的時間，俞老先生有一個火柴盒，裏面裝有兩百根火柴，小振飛唱對一遍，拿掉一根。一支曲子，一個黃昏至少要唸（即拍曲）五十遍。其實小振飛早就學會了，但父親是不會放他過門的，非得繼續唸。一星期唸下來，至少有三百遍以上，然後上笛。在唱曲當中，不許有絲毫錯誤，錯了從頭再來。而且粟廬先生還有個教學習慣，就是從來不指出兒子錯在哪裏，只放下笛子就罵：「勿對，重來！」「還是勿對，再重新來！」一首曲子非到了滾瓜爛熟的地步，是不許學習另一首新曲的。

小振飛開始時興致很高，但才六歲的他，哪有這種不斷重唱的耐心？就連一旁的繼母也埋怨俞老先生：「做啥要這麼認真！」但俞粟廬深知成功之道，享有「江南曲聖」美名的他，

◀ 俞振飛《人面桃花》劇照

自己便是這樣訓練過來的。因此，兒子偷懶、撒嬌、逃學，全都沒有市場，迎來的只有父親的訓斥。小振飛當時是害怕的，新鮮好玩早已不再。俞老就曾用幽默的口吻，如斯憶述兒時光景：「父親的笛子是掛在房門上的，那時的木板門一動就『吱嘎吱嘎』叫。每天吃過晚飯，我只要聽得房門『吱嘎』一響，心裏便噗噗跳——又要唱那斷命的曲子了！」

沒有苦就沒有甜，正是這種不厭其煩的苦練，為俞振飛打下了旁人無可企及的基礎，造就了崑曲泰斗、一代宗師！

尊師重道

這一點，在中國文化裏，在學藝的一生中，不是可有可無，而是等同勤學苦練，它是先決條件，必不可少。對於藝術，對於師長，我們必須具有敬畏之心。是的，不只是「敬」，還有「畏」，因為只有這樣你才能謙卑下來。

現在有一種教學制度是我極其反感的，就是讓學生評估老師的表現。這是徹頭徹尾的本末倒置。首先，教育是雙方用「心」去付出；學校與學生、家長並非生產商與消費者的關係，老師更非一種可以評估的「產品」。老師好與否，是否該聘，責任在校方，也是校方應該而且有辦法知道的。再者，培養人的過程不是每時每刻都充滿歡樂、令人「滿意」的。成長往往伴隨着失落與沮喪，也許那是暫時的迷失；也許那恰恰表明你在前行，因為你知道了天外有天，看到了自己的不足。這時老師如何指引、督促至關重要。以俞老父親或科班為例，如果用今天的教學眼光，那肯定遭到狠狠的批評和投訴，特別是當年幼的學生或心痛的家長還理解不了那份苦

心的時候。但真正能育人成材的，往往是有遠見的嚴師；而最終得益的，也是那些吃得起身、心之苦、受得住嚴格甚至「無情」訓練的人。學生評估老師，學生的學識、經驗到了這個「份兒」上了嗎？玉不琢不成器，學生可以評估老師，還有誰敢下刀子呀？

關於「個性建立」

現在有這樣一種認為：孩子要從小培養他們的「創意」，發展「批判思維」，才能避免人云亦云。

根據我自己的學習經驗，創意是需要有基礎的。即使做一篇論文，也須引用各家言論，證明你起碼知道有人說過這樣的話，而不是天馬行空、憑空臆造。學習傳統藝術，則更需按部就班，絕不能拔苗助長。你連前人的東西都不知道，就能「創」出什麼有意義的來？

宋四大家之一的米芾，人稱「米癲」。其書法靈動搖曳，率真自然。東坡讚之為「沉着痛快」、「超逸入神」。但在米芾自成一格前，他的特點卻是「集古字」。他自己說：「壯歲未能立家，人謂吾書為『集古字』，蓋取諸長處，總而成之。既老，始自成家，人見之不知以何為祖也。」可見他大半生都在拼命學習先賢，臨摹功夫已達出神入化。看到過一幅他臨王羲之《平安帖》的截圖，縱筆瀟灑，如同自家原創。米芾一生對書畫硯石瘋狂，有云他年初一也不忘寫字。日久功夫，加上融會貫通，化人為我，終成一代大家。我隨戚老師學行書，也是始於學米字筆法，那些畫「小鳥」，正是取法其極度講究和精緻的行筆。

總括而言，我的學藝體會是：首先要有一份愛，甚至一種「癡」，如此便會產生樂此不疲的學習精神，如饑似渴的求知欲望，乃至每次都要做到最好的自我要求。

不管學什麼，開始時必須一門深入，對其技巧、風格以全副身心去領會，切勿見異思遷，今天臨一種帖，明天換一種體，結果一事無成。唯有先打好一種基礎，將來才能觸類旁通。猶記當年，我如古人之非聖賢書不讀，我是非俞老唱不聽，務求將老師的行腔韻味，烙印心中。而且每次坐飛機，老師的錄音帶必定手攜，為怕行李遺失之故。

至於所謂的「創意」，無法刻意為之，亦無法求得，也不必去求。只有通過不斷的積累，自然溢出，水到渠成。

我們也並不刻意去對立批判，老實說，很多時候學生連高妙之處都未能得見，還須老師說明點破，如何就急於評論？

我們更多是尋找自己喜愛又欽佩的藝術風格去學習、模仿。其實所謂模仿，是不可能完全像的。因為根器的不同，你臨摹時已不期然帶有自己的東西，你不過是在固有基礎上，不斷完善自己，追求更高的境界。

若論真正的創新（並非謀求「出位」、標奇立異），則更須建基傳統。「書不師古，如夜行無燭」。在京崑藝術上，「字帖」就是那一齣一齣前輩留下來的「折子戲」，以及劇目學習循序漸進的次第。比如武生行當，必以《石秀探莊》開蒙，再學《夜奔》、《蜈蚣嶺》，以至之後的靠把戲。因為這裏包含着中正形體、唱唸韻味、技術難度、服裝穿戴簡繁的漸進考量。唯依此，才能步入正途。當然，還必須遇上好的老師。

學習先賢不等於壓制自己的創造能力，相反，是使你創作的時候更具底氣。創立新意不是割斷傳統，另起爐灶，而是

達到「胸羅宇宙，思接千古」，讓自己在那永恆滋潤的土壤上（傳統）得到營養，從而栽種出新的花朵。

傳統藝術看似處處嚴守規範，唯只有這樣，才能達到「從心所欲不逾矩」，出奇制勝而不離法度。看似不自由，最後卻是個性的最大突顯與發揮。因為這種個性的發揮，不是空洞無根的自詡，而是經過無數「有為」之後的「無為」，全盤掌握之後的徹底解放。

嬌縱與吃苦

偶然在電視看到一個名家主持戲曲推廣的節目，內容是教一些中學生一段簡單的片段，讓他們體驗一下學戲及表演的感受。這是近年很時興的「真人 Show」，這類節目喜歡把參與者的喜怒哀樂（不管真假）公諸於世。正如以下：

> 鏡頭突然一轉，追着一位鬧情緒並頗為沮喪的男生：「我不要學了！」助教緊張趨前：「怎麼了怎麼了？有事跟我說，我能理解的，我也嘗試過……（大意）」總而言之，百般的哄讓。男的還是不依，助教領他到主教老師那裏：「他說他不要學了。」主教替他擦着眼淚：「怎麼了？是沒做好嗎？」
>
> 「我根本就看不見……我在後排！」

我看到這裏沒有再看下去了，因為頗有感觸。

現在的孩子怎麼如此嬌縱，動不動就流淚、沮喪？這種「真人 Show」來源國外，那也借用一句西方的話，為什麼他們的 EQ 會這麼低？

單單學會幾個動作，卻完全忽略學習過程應有的態度、行為、儀表、紀律；對於無端生起情緒的學生，還拿着鏡頭去追，這只能是拷貝了國外電視的模式，卻與傳統教育之道徹

底相違背。如果説他們只是業餘學生，不必太認真，且撇開藝術學習不談，作為一個年青人的成長，那更加需要有所要求，做人做事有所為、也有所不為。

如果説這只是電視台的「噱頭」，又或那青年最後終會「改正」過來，那也只能説現在的年青人實在太容易受傷、太脆弱了。

為什麼現在的孩子軟弱，經不起打擊？因為保護網太大了，沒有讓他們去磨練，去「吃苦」。這一點，目下的教育很有關係，父母師長也有責任，因為以前對孩子是不會這樣寵的。

我父在美國讀書時，為了能增加一點收入，常到一些如聯誼會之類的組織去演講。他當時其實英文不太好，也只有一篇講稿，但勝在膽大，年青，性格可愛。有一次，他病倒了，發高燒，感覺非常難受，但下午有演講活動，是否該如常進行？這時爸爸的 Godmother（誼母）對他説：「Che，你一定要去，無論如何要把它完成。」這位西洋老太太是爸爸當時在美國唯一的「親人」，也是他最敬重、對他形成樂觀人生起着決定性作用的一位長輩。於是，他拖着疲乏的身軀，咬牙去完成這個任務。誰料想，也許是豁出去的緣故（調動了全身最大能量），爸爸後來説，這次竟是他有史以來最精彩、效果最好的一次演講。

1993 年我在香港演出新編京劇《寶蓮燈》，由於前一天晚上演出後實在難以入睡，為了保證翌日有足夠的精力，我吃了過量的安眠藥。第二天一睜眼，我的感覺竟是前所未有：全身癱軟，心跳加速，呼吸困難（並非氣喘，而是一呼一吸，

這個「風箱」似乎推不動了）。我心裏驚慌，打電話給父母，跟爸爸說：「你跟我說話呀！」因為我覺得我隨時能昏死過去。我不知道我是否能去走台（換了一個劇場），因為我覺得從床邊走到門口我都沒有信心！

父親下午提早到了沙田（我們演出的地方），以給予我精神支持。他帶了一位醫生朋友，但他也只是讓我喝一點糖水，多休息，基本上沒有太大的幫助。

這次演出，是我第一次成功讓政府主辦，與北京京劇院的一次合作。因此，「取消節目」連閃也沒閃過我腦袋，我死也得死在台上。

那天的劇目是最累人的，我要「一趕三」（前三聖母，中王桂英，後反串沉香），成套的【西皮】、【二黃】、【反二黃】的唱，最後舞長穗子劍、耍斧子、開打⋯⋯東西是多，甚至太多了，也是年青時候對自己的挑戰吧。

化妝的手在哆嗦，我唯一的念頭：趕緊上台，只有在台上，一切雜念難受才能過去⋯⋯

最後，我還是順利完成這場演出。第二天，還有一場傳統戲，還要換一個劇場。

這種情況，斷斷續續大概有半年，只是不如那一天嚴重，恐怕是長時間的焦慮所致。

現在回過頭看，這些都不是什麼大不了的事情，只能算一次難忘的經歷。但是，家長沒有呵護，自己也學着挺過去，慢慢地，一件件的「小」事就形成了一個人的性格。

正如以前的科班，從現在的眼光看也許就是「煉獄」一

般，但是熬過來了，也就再沒有任何東西可以難倒他們。

蓋叫天說，每當他憶起童年的科班生活，總是帶着矛盾的心情，既承認科班嚴教給他扎下堅實的基礎，又不堪回首那些在鞭笞下難熬的痛苦。但就在這痛苦的鞭笞教育下，「他養成了一種性格：天下沒有不行的事，因為他自幼就是從這『不行』中鍛煉出『行』來，他把這叫做『練行的』。」

荀慧生從不可思議般艱苦的「蹺功」練習中也悟出一個道理：「當人遇到艱難困苦甚至危險的時候，是絕對不能低頭退讓的，只要把心一橫，就沒有過不去的『火焰山』！」

看來，舒適、嬌縱，只會讓人消沉軟弱；只有經過吃苦、受挫，才能煉出剛強不屈、永不言敗的品格。

說到這裏，我不由得想起了蓋叫天的一個事跡。這件事，曾在我年少時給予我很大的激勵與鼓舞。現記錄於下，與大家分享。

蓋叫天斷腿的故事

蓋派創始人、「江南活武松」蓋叫天 47 歲時在上海大舞台演出《獅子樓》。

因為當時曾經時興機關佈景，戲院為了招攬觀眾，也不管是否切實可行，在舞台上搭起了一座酒樓。本身走在這堂佈景上就搖搖晃晃，更何況戲的內容包括武松上樓，西門慶嚇得從窗口跳了下去，武松緊接跳下追趕……

礙事的「屋簷」、「窗欄」，增加了這一跳的困難。盡管如此，難不倒功夫深厚的蓋叫天。只見他一蹤身，一個「燕

子掠水」，從兩丈多高的樓上飛躍而下。

電光火石間，卻發現西門慶還在原地未曾騰出空間，為免壓傷他，蓋叫天在空中忙一閃身，由於用力過猛，落地時只聽「喀嚓」一聲，他的腿骨折斷，穿靴而出！一陣錐心之痛……但蓋叫天的即時反應是：這是在台上，不能辱沒舞台，也不能讓觀眾看到一副窩囊的樣子。是以他咬緊牙關，一邊金雞獨立般保持着英武的姿勢，一邊輕聲對司幕人說：「閉幕，閉幕！」直到大幕關上，他方才倒了下來。

故事沒有完。

醫生為他治療，經過良久的休養，終於可以拆去石膏了，他充滿着希望。豈料石膏打開，蓋叫天這一驚非同小可：那個庸醫把他的骨頭接錯位了！難道這就成了殘廢，永遠離開舞台了？這可萬萬不能！

他胸中憋着怒火問：「怎麼辦？」

庸醫道：「有什麼辦法，除非折斷了重接。」

「好，你就給我重接！」憤怒的蓋叫天抓起腿往床杆用力一砸 ——「喀嚓」，剛接上的腿骨應聲而斷。

庸醫一輩子沒見過這樣驚人的決斷和勇氣，趁場面混亂溜跑了。

蓋叫天重新接受治療，在床上一動不動躺了一年多。

又到了拆石膏的日子，他滿懷喜悦想坐起來，但前後兩年的臥床生活，使他全身如同癱瘓一般，動彈不得。

再一次沉重的打擊！

難道他真的要離開他熱愛的舞台、視為命根的藝術？

不可以，無論如何要恢復起來。

那時沒有今天的物理治療，他必須自己尋找康復之道。

他想起了《大劈棺》裏的「二百五」。

一個（靈堂上的）「紙人」，從一動不動，到身子一點、一點前傾，漸漸幅度大了，手腳也跟着移動，慢慢、慢慢就「活」起來了。

「『二百五』都能動，難道我連他都不如？」一天動一分，十天就能動一寸，只要有毅力，總有一天全身關節能活絡起來。

於是，蓋叫天從抬脖子做起，他艱難地把頭向上昂一點，可是不到片刻頭就落回枕上。他不怕，只要能抬起來就行。如是者他天天鍛煉，從頭部開始，頭能活動了，再練上半身，然後到下半身。能坐起來了，再練站、再練走路。先搖搖晃晃撐着拐杖，扶着桌椅牆壁……一直到自如地走動。

身體恢復了，他想到的第一件事，當然是練功。本來是每天風雨不改的，如今已中斷兩年，他心中好不痛惜。然而，當他重試身手，卻發覺一切都變了，手腳已完全不聽使喚。再次的打擊沒有嚇到年近 50 歲的蓋叫天，功是練出來的，只要練，還能找回來！為了重振旗鼓，他沉住了氣，每天三遍功，從頭練起……

皇天不負有心人。1936 年，蓋叫天徹底傷癒重登舞台，貼出來的第一齣戲是 ——《獅子樓》！

當天晚上劇場爆滿，當觀眾再次看到武松追到樓上，西門慶跳窗逃跑，武松一個縱身從三張高椅飛身而下時，全場情不自禁爆出如雷的掌聲與叫好聲！不只為了蓋叫天的技藝，更是為這位堅韌不拔、用生命捍衛藝術的「鬥士」，送上由衷的喝彩！

演員與編劇

　　八十年代，我向姚傳薌老師學了崑曲《蝴蝶夢·說親回話》，非常喜歡，自此成了常演劇目。這是旦角和丑的「對兒戲」。莊周假死，幻化王孫公子前來訪師，並遣隨從老蒼頭（丑）前往試探田氏。此折表演精彩，身段豐富，饒有戲味。後來憶起小時候曾在荔園看過京劇《大劈棺》（故事大同小異），對「二百五」和「三百三」（站立靈堂兩側的兩個「紙人」）印象特別深刻。這兩個角色從幕拉開就一動不動地站着，直到莊周施法將他們點化成會走路會說話的「活人」，其動作特殊，很像現在街頭的機械舞。於是萌起念頭：如果將劇本重新整理，把這些精彩和有趣的元素串連在一起，譬如將京劇的「二百五」納入，後面讓他變成蒼頭（演員可以有很大的發揮空間），成為一個晚上的「京崑合演」大戲，豈非美哉？

　　當時找到了一位名望甚高的編劇，把我的想法告知，並請他執筆。誰知這位編劇的第一個反應是：「你為什麼要演這個戲？」我納悶：這戲非常引人入勝呀，有何不可？後來我明白了，我們二人的着眼點根本不同。他沒有看過〈說親回話〉細膩靈動的表演，對老戲《大劈棺》亦無好感。他重文字多於舞台，重主題多於表演，恐怕還有史實的問題。而我呢，更多是想着「唱唸做舞」的各種可能性。（其實真要執着的話，這個戲的主角根本就不應該是莊周，人家連生死都看

透了，夫人死去他鼓盆而歌，還在乎她變心與否？！相信當年不過是借了一個家傳戶曉的人物，加上民間普遍認為道家能使「法術」罷了。）

最後，劇本是寫出來了，但整個戲相當平淡乏味，主要表現莊周田氏情深意篤，完全失去了本來的戲劇性與賦予表演的空間，與我的初衷相距甚遠。最使我難於從命的是在「劇終」後面還有一條重要「指示」：此劇本不得改動一字。

最後結果？我只得放棄不演，並通知本來已經預約演出的主辦方，改演與孫正陽老師的《大英傑烈》。

編劇與演員的矛盾，自古有之，各有各的理。然劇本從脫稿後一字不改是不可能的事，排練演出當中，為了表演效果，也必定有所增刪。站在劇作家的角度，當然不爽，就是《桃花扇》作者孔尚任也投訴抱怨，但也不得不跟着形勢稍作妥協：

> 各本填詞，每一長折，例用十曲，短折例用八曲。優人刪繁就減，只歌五六曲，往往去留弗當，辜作者之苦心。今於長折，止填八曲，短折或六或四，不令再刪故也。
> ……
> 舊本說白，止作三分，優人登場，自增七分；俗態惡謔，往往點金成鐵，為文筆之累。今說白詳備，不容再添一字。（孔尚任《桃花扇‧凡例》）

這也確實難怪，劇作家苦心孤詣、嘔心瀝血寫出來的錦繡篇章，忽然不見了，豈不如割掉心頭肉，氣不打一處來。特別是一些不恰當的增刪，如孔所言，則更令人氣結。

但是，演員與觀眾是直接接觸的，對台下反應極為敏銳，有時候再漂亮的言辭，只合作案頭文學欣賞，搬到台上，卻是平平無奇。

最佳辦法，當然是達到互補。可幸者，戲曲舞台藝術原屬集體智慧，並非嚴守「版權法」，人人可為這朵花施肥灌溉，至於哪個才是更優演出版，則歷史自有公論。

演員「二度創作」的貢獻

我們來看看兩個例子。

第一個例子取自張庚、郭漢城主編的《中國戲曲通史》。

一、《浣紗記‧通嚭》

明代版本：

> 伯嚭：（大笑科）遠勞厚意，請起。

> 文種：不敢。禮物通在帳外，人夫頗多，每樣先進一件，倘蒙吩留，方敢載進。這樣黃金共五千兩；錦緞五千疋；白璧共十雙。

> 伯嚭：怎麼要許多？小廝殺起羊來，燙起酒來，留文老爹坐坐去……

一個送禮的過程，很簡單就過去了。演員也無法有甚作為。

再看看收錄於清代《綴白裘》的演出本：

> 伯嚭：文大夫，方才那小校只管說越國使臣要見，竟不說文大夫，下官有罪了。

文種：先獻禮單呈樣，禮物都在帳外，人夫頗多，每
　　　樣先進一件，倘蒙叱留，方敢載進。黃金五千
　　　兩，這是呈樣的。

伯嚭：許多禮物，只收兩錠罷。

文種：一定要全收。

伯嚭：既如此，全收。吩咐擺酒宰雞。（第一層）

文種：彩緞五千端，也是呈樣的。

伯嚭：好花樣！五千端，只收這兩端罷。

文種：一定要全收。

伯嚭：如此，一發收了。吩咐宰羊。（第二層）

文種：白璧二十雙。

伯嚭：白璧乃是無價之寶，一發收了。宰牛。
　　　（第三層）

　　同是這些禮物，分了三次呈送，伯嚭的假意推搪，到最後
連這道虛偽也省了（白璧乃是無價之寶，一發收了），宰的動
物從雞到羊到牛，十分有層次地顯出伯嚭的貪婪好財。更重
要的是，留給了演員，乃至音樂、鑼鼓有節節高的表演餘地。

奇妙的「啊」

　　接下來這個例子，是聽俞振飛老師說的。

　　其妙處在於文本幾乎全然不動，演員只加了一個「啊」
字，便把原來的平鋪直述，變得跌宕有致，扣人心弦，堪稱
「神來之筆」。

二、《玉簪記・琴挑》

這是大家熟悉的道姑陳妙常與潘必正的愛情故事。

潘必正循琴聲來到妙常彈琴所在，二人其實早生愛慕之情，只未道破。妙常更因道姑身份，時作嬌嗔，假意作態。

以下片段，乃陳妙常請潘必正彈琴。

清《綴白裘》演出本：

　　潘：小生略知一二，只是弄斧班門，怎好出醜？

　　陳：好說。一定要請教。

　　潘：（小生彈介）

　　　　雉朝雊兮清霜，慘孤飛兮無雙。

　　　　念寡陰兮少陽，怨鰥居兮彷徨。

　　陳：此乃雉朝飛也。君方盛年，何故彈此無妻之曲？

　　潘：小生實未有妻。

　　陳：這也不幹我事。

　　潘：敢求仙姑面教一曲，如何？

　　陳：既聽佳音，已清俗耳，何必初學，又亂芳聲？

如今演出版本：

（也是我學的版本。其中小字為身段、表演。）

　　潘：小生略知一二，只是班門弄斧，怎好出醜？

　　陳：休得太謙，定要請教。

　　（這裏文詞的小調整，如「弄斧班門」變成「班門弄斧」，我的理解是配合四聲的跌宕。因韻白裏「班門」緊接「怎好」，聲調相像，且先唸「班門」，氣息與表演似乎更順暢一些。

下面「休得太謙，定要請教」而非「好說。一定要請教」，也是為了唸白的鏗鏘與更佳的節奏。節奏順了，氣息自然就順。）

潘：如此請。

（二人換位。行近妙常時潘有意碰擦其肩……各自向觀眾「打背供」，指了一下對方。「打背供」是戲曲術語，角色在一旁評價對手言行，或表達自己內心活動，是一種假設同台的對方聽不到的自言自語。）

陳：請坐。

潘：有坐。好琴吶。

　　（小生彈介）

　　雉朝雛分清霜，慘孤飛分無雙。

　　（旦看生彈琴，暗地點頭稱讚）

　　念寡陰分少陽，怨鰥居分徬徨。（妙常聽到曲子的內容，尷尬地把身子轉到另一邊，有點失神……）

陳：好！（突然意識到潘已彈完，趕忙回過神來，略遲了那麼一秒半秒道出這個「好」字）

潘：出醜。

陳：此乃雉朝飛也。君方盛年，何故彈此無妻之曲？

潘：小生實未有妻。（緊接上句道出，以示「正中下懷，乘機而上」）

陳：這也不幹我事。（節奏略加快，有點慌張，自覺方才失言，雲帚一甩再次轉身背向小生）

潘：欲求仙姑……（節奏再催上，起立拱手……）

陳：啊？！　（「姑」字話音未落，「啊」字已出口。站立，轉身直瞪小生，似在問：向我一個出家人求什麼？！）

潘：（有點尷尬，用扇子擋口；目光落在琴上，急中生智，為自己解窘道）

哦，面、面、面教一曲如何？

陳：（慢慢坐下，表面上大家都回到「常態」）

既聽佳音，已清俗耳，何必初學，又亂芳聲？

單單一個「啊」字，為全齣戲增添了一個高潮，大大豐富了兩個角色的潛台詞與表演空間。

把「欲求仙姑面教一曲」攔腰切斷，這「欲求仙姑……」下面的內容就耐人尋味了。是「面教一曲」？還是「同訂鴛盟」、「共諧連理」之類的話？

而妙常這一聲「啊」，正如俞老所説：「似嗔似惱，卻又帶點緊張與嬌羞，頗有點既怕他一口道破，又唯恐他不道破的味道。」

末段的「啊」與「啐」

戲的末段，還有幾個十分精彩的「啊」與「啐」。

妙常以為潘已離去，遂將抑壓已久的心底情全盤托出，唱了一段有名的【朝元歌】——

你是個天生俊生，曾佔風流性。
看他無情有情，只見他笑臉兒來相問。
我也心裏聰明，（適才呵！）把臉兒假狠，口兒裏裝做硬。
我待要應承，這羞慚怎應他那一聲？

我見了他假惺惺，（咳！）別了他常掛心。

看這些花陰月影，淒淒冷冷，照他孤零，照奴孤零。

（白）夜深人靜，不免抱琴進去吧。正是：
此情空滿懷，未許人知道。
明月照孤幃，淚落知多少。

殊不知潘郎此刻正躲在外邊，未曾離去。就在妙常唸完下場詩要進去時，他突然咳嗽一聲。妙常詫異，門外還有人？是他？於是詢問地「啊」了一聲，潘似乎在模仿她也「啊」了一聲；妙常半驚半喜，拖長音調再「啊」一聲，似是說：你還在呀！潘又回應她一個「啊」，意謂：別裝了，你的心事我全明白了！妙常自覺心底秘密被識破，滿臉嬌羞，雲帚一拂，還他一個「啐！」速速抱琴下場……

按原來的編排，妙常唱完、唸完離場，然後潘必正出來自說自話一番，二人沒有再交流，戲就此結束了。詞藻雖美，戲卻太「冷」了些。

現在的「啊」和「啐」，完全不在劇本之內，而是藝人通過長期的舞台實踐，才被創作、挖掘出來的。這種畫龍點睛、使整齣戲「鮮活」起來的效果，恐怕是既不失劇作家原旨，又已經超乎他當初的預期了。

這便是一齣戲裏，演員不可或缺的「二度創作」。

文本是一劇之本，表演是戲曲的靈魂。

崑曲之所以能夠成為「戲曲之母」、「百戲之師」，是因

為它佔盡了兩個優勢：劇作家為劇本奠定了高超的文字水準與優雅格調，藝術家們通過不斷的實踐、琢磨，賦予劇本以生命和血肉。

崑曲那些千錘百煉、讓人百看不厭的的精品，載錄了文人、藝人的心力和智慧，無論從文學或表演角度，都堪稱中國戲曲的楷模和瑰寶。

李玉聲的「狂言」

京劇大家李玉聲在 2005 年曾於網絡發表了一些極具爭議的觀點。

他說：「再『刻劃人物』，京劇就完蛋了！」

乍聽起來，人們會認為，又是一些追不上時代的老先生，妄自尊大，在發表「謬論」了。

先撇開這個觀點，讓我談談我所認識的李玉聲。

古稀「小伙子」

首先，這位「老先生」絕不老。

他有最先進的蘋果手機與電腦，對那些功能比我要熟知得多。

他對喜愛事物的追求與熱忱，正如他的「關公斬顏良」，是死盯着一刻都不放鬆。

他做事之迅速，是名副其實的坐言起行，我還未見過一個小伙子能有那樣驚人與攔都攔不住的速度和勁頭。

作為武生大家，身手自然不凡。年逾古稀，一次如常地開着他的電瓶車，誰知一個小孩突然竄了出來。為了閃避，他連人帶車翻倒在地，鞋子也脫落了。只見他安然無恙，倒是趕忙起來，關心小孩的安危。

他是個至情至性的人，那樣率性，那樣敢言，那樣毫不忌

▲ 李玉聲攝影作品

諱地表露情感。急躁時，他暴跳如雷；悲從中來，他嚎啕大哭；突然陰霾過去，那笑容，宛如嬰兒般燦爛……

他是真正的文武全才。不是說台上能唱文戲和武戲，而是他的繪畫和攝影。在人生道路上，他經歷艱難坎坷，但只要面對大自然，他似乎把一切痛苦和不平都拋到九霄雲外。他的攝影作品，是那樣的恬靜、安詳與充滿愛意。有一次他讓我看一幅蜜蜂採蜜圖。他說：「平常我拍蜜蜂不果，今天牠自己飛進我的鏡頭裏了！」說話當中洋溢着無限的喜悅。

天地造化的感悟

同樣，他的藝術，一切靈感來源於天地與造化。

六十年代，某天他在杭州西泠印社四照閣喝茶，突然天色大變，剎那間眼前黑得幾乎伸手不見五指。天上烏雲，從南向北貼着西湖面，如發瘋的猛獸撲將過來，伴隨着「天鼓震寰宇之聲」，那氣勢似要把西泠四照閣吞噬下去！

他心中害怕，卻又捨不得不盯着這般奇景。他心想：「是

老天爺點化予我，讓我領略宇宙萬物的變幻神韻⋯⋯」霎時又是一個閃電，只見狂風驟雨，如天河倒傾，電光火石間，他看到小拇指粗細的雨點，擊打在孤山山石上，濺起來的水花像一顆顆的珍珠⋯⋯

他頓時開竅，要將造化的種種融入自己的表演藝術中。

舞台上打把子（兵器對打），那種逼得對方無還手之力的準確與快速，來自「驟雨擊石的節奏和氣勢」。

衝鋒陷陣，胸中含有「烏雲滾山」的威猛與澎湃。

他那齣恐怕是後無來者的《挑滑車》，主人公高寵的氣質與內涵，源於一顆「黑似鑄鐵的大樹」，一種「生而何歡，死而何懼」的傲然氣度。

即使盔頭上珠子的抖動，都恰似風吹樹葉發出的「沙沙」聲響⋯⋯

真個是：「青青翠竹盡是法身，鬱鬱黃花無非般若。」

大自然，本就是那無窮無盡的源泉。

但是，所有這些「與天地萬物相融，與宇宙氣韻相合」的表演意識，如果沒有堅實的基本功，一切還是白搭。

台下一輩子功

說到練功，李玉聲是出名的「狠」。

在戲校時，除了正常學習，下午、晚上甚至半夜都有他的「私功」時間。而且自定一套練功方案，譬如下午練「箭衣」，晚上練「靠」。一些技巧項目，他更是自我增加非凡難度，譬如在桌面和地下鋪上類似體操隊用的那種軟墊子，穿上厚

底，練習飛腳上、下桌。（要知道穿上厚底在比較厚的地毯上走已經非常困難，更何況是軟墊子！）

1962 年，李玉聲用 5 塊錢（當時 8 塊錢可以吃一個月的飯）買了一個小鐘，用以練習跑「圓場」。如何練？他自己的話：「開始先跑一個鐘頭 ── 左右圓場，左右側身圓場。到了一個鐘頭跑太極圖圓場，加速太極圖（越跑太極圖越小），再到極小圈的圓場（速度很快）。最後一大圈圓場亮住，直線極速下場。」

即使沒有練過功的人，也會感受到這是什麼樣的強度和耐力的鍛煉。

李玉聲腳底下的功夫，我未見過有人能望其項背。

《挑滑車》裏「大戰」一場，有一個內容是必須有的：「蛇褪皮」（雙方追趕大幅度跑圓場）。大部分主演都跑在「裏面」，為的是可被其他演員擋住，趁機休息。李玉聲卻特意走在「外面」，非但不休息，反要「賣」一下圓場功，特別是那鮮有人應用的「側身圓場」。

網上看他《挑滑車》（1984）的「蛇褪皮」，除了如大家絕口稱讚的「快而不飄，碎而不亂」，我還有一種特殊的感覺。有一次我對李老師說：「您的表演如行雲流水，有些地方我又覺得像鷹在空中滑翔 …… 不是飛翔，是滑翔。毫不抗爭，順勢而行，絕對自由、愜意 ……」

他曰：「你是受圓場的啟發？」我並沒有言明，他卻有此一問，可見他也是同意的。

2017 年香港中國戲曲節，我策劃了「玉宇霞光雋永」演出，李玉聲演了絕版的《走麥城》。末段，我在側幕看着他的三圈圓場。此刻，不是《挑滑車》的英姿與帥氣，而是滿台的磅礡和恢宏。我摒住了呼吸，凝神注目，一時間，竟分不出這是關老爺置生死於度外的衝刺，還是老藝術家為了他的藝術、他一生的摯愛，達到了一種捨死忘生的地步！難怪人們對此發出了讚歎：「酣暢淋漓」、「美到斷腸，看得人肅然起敬熱淚盈眶！」

▲ 《走麥城》劇照　　　　　　　　（攝影：王馳）

擁有這身功夫，中間也不是沒有波折。

1979 年底，李玉聲的三年文革勞教生活結束。幾年的強體力勞動、悲傷、磨難、委屈，使他失去了當初的意氣風發。當他嘗試把腳擱在矮桌上，手居然都碰不到腳尖……「功」，全廢了！若要重登舞台，必須從頭練起。

1980 年 2 月 15 日，己未年最後一天的凌晨四、五點時份，一個寂靜的大練功房裏，傳出了高亢鏗鏘的喊聲：「三年布衣成否？」接着是自己鐵下了心的回答：「成！……成！……成！！」第三個「成」字，近乎吼聲。

「三年布衣」的意思，是三年穿着水衣子（唱戲時穿在裏面的白布衣）度日，不出門、不會客、不訪友，只有練功。

這確實是李玉聲的性格，歲月難不倒他，痛苦艱辛壓不服他。從這天起，他每天天不亮就起來，騎半個小時自行車到單位，翻越欄杆進去，開始他人生第二階段的「苦練」。就這樣，從練完《挑滑車》「起霸」、「鬧帳」已然筋疲力盡，再一點一滴地把功和體力恢復過來。

李玉聲對自己紀律嚴明，每天練功時間歸一；他的藝術規範到家，「拉戲」（把一齣戲從頭到尾地演練）的尺寸快慢，相差更是以秒計。是以每次練到「大戰」，把「黑風利」扎倒在地時，單位對面的軍區正好吹響起床號。此時，掩不住心底童真的李玉聲會感到非常得意和自豪：戰士們才剛剛起床，大將軍卻是早已上陣！可不是麼，他已經從「起霸」、「鬧帳」、「頭場邊」、「二場邊」，一直演練到「大戰」，分秒不差地把敵人扎倒在地！

李玉聲的「狂言」

比起在學校時依然身在蜜罐中，40歲的李玉聲已經經歷了滄桑，功是練得更狠了。他每天的頭髮如同在水裏浸泡過，汗水濕透衣衫一直流淌到鞋底，有一次，路邊一個孩子直以為他剛剛掉進了河裏。練習中若是出了差錯，他更狠的用藤杆兒抽自己的腿……

他跟我說：「我對自己好狠，沒有人會像我這樣。」

最不可思議的是，原說以三年恢復功力（其實用不上三年），他這一練，竟是風雨不改地度過了十四個春秋！

60歲以後，李玉聲的「練功廳」搬到了孤山瑪瑙坡、領要閣。

在這裏，他自學太極拳、太極劍和太極刀。我曾笑言：「您到此吸『仙氣兒』來了。」原來果不其然，他說：「我三年不斷地在孤山練習拳、劍、刀，悟得太極與山石樹木相合。自有演出開始，前後十三年變每日練太極為拉戲，使表演藝術盡享青山秀水的哺育，深層感受宇宙氣韻與表演氣脈相融之覺悟……」

李玉聲的一生，沒有離開過練和煉。他三個階段不同環境、不同內容的「練功」，除了練就旁人難以齊肩的本領，更是突出體現了一種非凡的悟性與藝術智慧。

焉知非福

唯世間的事情，有時候就是如此難以捉摸。他的本領，本可使他的事業蒸蒸日上，但卻奇異地沒有帶給過他一絲一毫

的實際「好處」。比如說，他一輩子都與任何獎項擦肩而過，即使當年同場比賽而獲獎的演員，最後都要向他行拜師禮。作為戲校尖子，出身自顯赫的梨園世家（乃父是紅生宗師李洪春），從青年到中年他一直想調回京劇的重鎮──北京。憑他的本事，這個本來理所當然的願望，卻是從來都沒有實現過。在當年的內地，沒有「地利」而從事京劇藝術，是有可能把人埋沒掉的。

李玉聲曾經幾近哽咽地慨歎：「我的事業是失敗的，我的藝術是成功的。」

畢竟，這已是多年前的感慨了。他的心，應該是早已撫平：正是因為沒有身在「要鎮」，也非當時得令，他才得以不隨任何潮流，遠離塵囂，潛心修煉。

曾經看到過這樣一句話：「一個人徹悟的程度，恰等於他所受痛苦或磨難的深度。」這句話，適用於藝途上的李玉聲。

失意與挫折，正好突顯了他對藝術的赤膽忠誠與一副錚錚鐵骨。

再者，這一切際遇，焉知不是上天刻意的安排，以成就一代武生、紅生大家？

氣韻生動

我曾經有兩年多的時間，有幸經常與李老師談戲論藝，加上幾次難能可貴的合作，我得到了醍醐灌頂的啟迪。他台上的慧心巧思，對於節奏、韻律的處理，在現今舞台上幾乎絕跡。

他對我的不吝賜教，不是一般層次的點撥：

▲ 與李玉聲演出京劇《平貴別窰》　　　　　（攝影：王馳）

心・路 ——鄧宛霞藝術人生文集

「你這一段的唱、做，應該像一組慢動作的舞蹈，連綿不斷。運作間，有一條看不見的軟鍊條，把你要表現的一切連在一起，形成了你在舞台上的韻味、氣韻。」

「氣韻，能夠緊緊地把戲裹住，牢牢地把觀眾拉住！」

「……如果這個樣子，就明顯『斷氣』了！」

李玉聲的表演，無處不講求「氣韻生動」，這實際上是回到了中國傳統美學之根。

他的藝術像書法，看的是運筆、行氣、佈局、墨色。在台上，那就是一抖靠、一捋髯口的精緻和講究；氣韻的連貫；節奏的安排；在「踩鑼鼓」中，給予觀眾無比振奮的領神與預示；還有那雕塑性的美感……

而最最可貴的，是這種如今已幾乎喪失的創作意識。

狂言的背後

他說京劇不是「刻劃人物」，乃至說中國戲曲是「借故事演繹歌舞」，而非王國維先生說的「以歌舞演繹故事」，如果往深裏看，是與前文〈虛與實〉的一些基本概念相呼應的，在此不再多贅。

再說，談「刻劃人物」與否，是說給演員聽的，而且是非常成熟的演員才有可能了解其中深意。他針對的是創作立足點和表演意識的問題，也是針對當時京劇界的一些時弊。

對觀眾而言，看戲是不是因此就沒有「人物」了呢？恰恰相反，有人看完李玉聲的《走麥城》說：「不想着演人物，末

路關公的形象卻鮮明顯現」、「關帝重生」、「演活了具有書卷氣的武聖人」……

這使我想起一位瑜伽上師的話：「你想要一朵花，你不需要整天圍繞着『花』去苦思冥想，其實連想都甭想。你只需要照顧好陽光、水份、肥料……美麗的花朵和芬芳便是自然的產物。」

李玉聲敢發「狂言」，是因為他有十分的把握、百般的信心。因為這些把握與信心，並非源於書本、理論，或玄虛的誇誇其談，而是他通過一生的實踐得出來的真知；這不是二元對立的思維、研究和分析，而是用「心」直接進入「實相」。

「表演藝術以心為綱。追求表演藝術的完美，追求表演藝術與天地、萬物合，同宇宙氣韻相融相合。以大自然萬千氣象變幻之氣韻，融於表演藝術的五功五法 —— 唱唸作打舞，手眼身心步。我的表演，就是『借題發揮』。」

不管你同意否，作為戲曲工作者，對於一位窮他一生去追求表演藝術真諦的大家，他的忠言，他的大聲疾呼，即使逆耳，即使你不甚理解，也應該敬而重之，並由此引發深思！

Anthony Hopkins

　　看了幾十年的電影，如果你讓我選一個（只許一個）我認為演技登峰造極的演員，我會毫無疑問地選 Anthony Hopkins。特別是從演員看演員的角度。

　　Hopkins 的表演讓你有回味，可以細細咀嚼。在不同的戲裏，他並不是將同一副身軀代入不同的角色與故事，他是起着「行當」的變化。那就是説，他的聲音、眼神，語氣，口音；特別是整個形體的感覺（走路的姿態、轉身的速度，甚至只是一戳一站）等，都起了徹底的變化。一種全方位的變化。

　　事實上，Hopkins 飾演的角色跨度之大，恐怕無人能出其右。且不談故事片，就是演名人，就有尼克遜、希治閣、畢加索等。

　　他被譽為「同輩人中最偉大的演員」（the greatest actor of his generation）。

　　Ben Kingsley（演甘地的演員）被 King Larry（美國著名清談節目主持人）問及迄今最喜歡與誰合作，他説：「若從過癮的角度與表演藝術的純粹度來説，那非 Hopkins 莫屬。」而 Kingsley 與 Hopkins，其實只有過一幕戲之緣。

Hopkins 的「苦練」

是什麼「竅門」讓 Hopkins 演戲如斯有魅力？

除了天賦與才華，我認為是他的「苦練」，以及演戲的觀點與角度。

何謂「苦練」？從他的訪問中，可以概括如下：

「我有一個簡單的方法，它很適用於我。我喜歡用『死記硬背』的方式去讀我的劇本。」

「每一場戲，我會反復練習達 250 次。而且是熟讀每一個人的台詞，每次均大聲讀出。」

「不是說讀 20 次之後我還不明所以，而是在不斷重複中一些事情就會發生……語氣、聲音、形象會浮現出來。」（這就是找到了聲音和形體的「範兒」）

「因為我相信只有在鬆弛的狀態下你才能表演。通過這樣的程序，到真正排演時我能達到非常鬆弛，表演會自然溢出。」

Hopkins 把這看成是一個演戲準備的必經過程，就像做蛋糕，必須「把蛋糕放進烤箱裏烤一般。」只有這樣，才能從「生」變成「熟」，從而在表演當中達到全面的駕馭。「我反復練習直到這些東西成為我的一部分；直到我可以即興而不出軌。」

有了這個「苦練」的過程（其實並非如外人所想，這不是一個枯燥呆板、單調無意義的重覆，而是充滿着藝術清醒 awareness 與樂趣），靈感自會生出。表演的「點」找到了，「範兒」找對了，怎麼做都不會錯。

匠心獨運

讓我們來重溫一下 Hopkins 經典的表演 ——《沉默的羔羊》(*The Silence of the Lambs*)。

這是一齣 Hopkins 最為人談論的電影。他飾演狡點詭異、聰明絕頂的精神病醫生 Hannibal Lecter。他是犯案的吃人連環殺手，已被囚 8 年。監房設有重重障礙，絕對的「生人勿近」。

因為能讀透人的心理，聯邦調查局派女探員到訪，希望通過 Lecter 的推斷，找出正在作案的另一連環殺手。

影片的前十幾分鐘，從各個側面描述了這個「人魔」的可怕與殘酷性。輪到他本人出場了。就在觀眾的心懸在半空，不知前面會是如何一個猙獰恐怖的形象時，隨着女探員一步一步接近囚室的視線，只見一人立正於牢房當中，他光鮮利落、彬彬有禮，對來者微笑說了一聲：「早安！」

這是 Hopkins 對第一個「出場」的設計。首先，他要「反其道而行之」—— 與前面的描述來一個大的反差。

端正地站立於囚室中央，也是一個出人意表的處理，當時連導演都覺得奇怪。導演曾問他：「你的第一個亮相想怎樣，是在畫畫還是躺在床上？」（囚室裏放着 Lecter 的畫。）直到拍完了這組鏡頭，才看出那匠心獨運的效果。滲人，但極為別緻，而且與下面的表演連為一體。

接下來是與女探員的對話。Hopkins 製造了一個靜態的場面，把表演完全集中在眼睛上。（如果剛才他是躺着，這一起床，節奏就打亂了，那股凝聚的張力就被破壞了。）

他眼睛動的幅度極小，甚至絕大部分時間是紋絲不動，只深邃地、牢牢地凝視着對方。

作為觀眾，會覺得這雙眼睛是那樣地具有「磁性」，恍惚會被其催眠。

作為演員，我看出這種眼神的使用，是經過深思熟慮的。眼睛用勁的時候，聚光凝神到什麼程度，在哪個位置鬆弛一下，什麼時候挪動，幅度多大……

我說的「深思熟慮」，並非理論邏輯思維。它相對於偶然、碰巧為之。這是演員經過自己反復誦讀排練，找到了「點」，將之相對固定，再不斷進行練習，才能達到的效果。這也包括可能是演員通過不同的試驗，最後選定的結果。

這部兩個小時的電影，Hopkins 前後實際上只出現了半個鐘頭，真正讓他淋漓發揮演技處只 16 分鐘，但他卻能以此贏得了奧斯卡最佳男主角，頒獎時台下全體起立鼓掌。

Hopkins 是屬於不同層次的，在他身上，我看見了屬於電影的「角兒」的藝術。

演戲的觀點與角度

有些人演戲，可能是基於一些戲劇理論的影響（這裏不加評論，因為我並沒有作過深入研究），認為演員必須完全變成角色，思其所思、想其所想，真實地體驗其所有情緒，甚至在未完成整個電影拍攝過程前都要「活」在角色裏，導致有些人所謂的之後還「出不了戲」。

Hopkins，一個在觀眾眼裏能「演活」任何角色的偉大演員，是怎樣看這個問題呢？且看他如何回答戲劇系學生的提問。

問：您怎樣使你的思想與角色同步，即確定您的思想
　　活動就是應該有的思想活動？這個問題本身有意
　　義嗎？

答：是個好問題。

　　不能確定，因為你永遠不可能成為那個角色。你
　　不能，那是不可能的。

　　……

　　你叫什麼名字？約翰。你是約翰在演 Hamlet，
　　或任何一個角色，你是約翰……就像 Clint
　　Eastwood，他每齣戲都不一樣，但他還是他，他
　　永遠都是他，只是他的風格（或曰他的「範兒」）是
　　沒人來得了的。他比誰都更 Clint Eastwood（等於
　　說梅蘭芳比誰都更梅蘭芳）。

　　在同一場合，他談到另一部電影《告別有情天》（*The Remains of the Day*）。

　　片中 Hopkins 飾演一個非常盡忠職守的莊園男管家，與女管家其實是兩情相悅，卻一直壓抑在心裏，從未吐露半句。

　　這也是一部經典之作，容我先回味一下兩場我很喜歡的戲——

（一）Hopkins 在他自己的小房間裏閱讀，女管家進
　　　來，問他在看什麼書，藉此接近。他緊緊握住
　　　書不放，兩人在很暗的燈光下相距非常近。
　　　Hopkins 抑制着，只深情地凝望着正在掰開他
　　　雙手的女主角……此時，燈光的佈置讓這位演
　　　員再一次用上他那雙會說話的眼睛。觀眾的氣

都提起來了，多麼希望他會有進一步的行動，當然結果是失望的。

（二）他的父親（莊園副管家）病逝，就在樓上。Hopkins 正在主人一個極其重要的宴會中伺候着，沒有馬上離去。他恍恍惚惚地招呼着客人，失神地應對着主人教子（Godson）的喋喋不休，順嘴地答應着。全段沒有他自己的道白，卻完全吸引了觀眾的注意力。

他是怎樣表演的呢？

「不用演戲，就靜靜的。」

「我不怎麼動。全在這裏了（指心）——所有的壓抑情緒（指一種含蓄內斂的表演）。**不是說我自己很壓抑。**」

「不用演戲，就靜靜的，觀眾自會隨着你走。當他們看到一個如此愚蠢、不敢讓自己去愛；他總是在那裏盡忠職守，他本可以是一個快樂的人卻是活得如此的不快樂，我讓觀眾滿足了。他們替我哭泣，**我自己不需要哭。**我只是管家 Stevens，在做着他該做的事。」

「可能有些演員不同意我的說法。我知道有些演員演出前要把自己折騰得死去活來（go through hell），因為他們選擇這樣做。可能我是非常膚淺的演員（笑聲），我不知道。但我選擇另外一條道，我只選輕易的那部分。我喜歡以前那種表演流派，如 Clint Eastwood，Humphrey Bogart 等等。你可以讓自己非常艱難與痛苦，也可以使之輕鬆容易。如果你屬於後者，那你是幸運的，那演戲將是充滿樂趣的偉大歷程⋯⋯」

「不用演戲」，是找準了就不再做多餘的事情；「輕鬆容易」，是因為走對了路。清晰地演戲，沒有掉進純「體驗」的無底深潭（不是不動情，而是「情」有所托。這個我們在談「形」和「神」時已論及）；注重表現方法，在角色提供的框架下，找到形體的「範兒」，通過反復練習將之變成一種「自然」，這就是 Hopkins 高超的表演方法。

在很大程度上，這也道出了表演藝術的真諦。

戲曲「改革」

戲曲改革、振興，我個人能夠親眼目睹的，始於上世紀八十年代。

印象較深刻，是當時一股在音樂上求「革新」的趨勢。當然，不能算是成功，甚至可以說還大大不如「樣板戲」。因為「樣板戲」年代，起碼是集合了好多有識之士與懂行之人，而他們確實在藝術上作出了貢獻。

樂隊

下面的專欄摘錄，記下了當時的一場名家演唱會：

兩年前（1986）曾經出席一個很奇怪的盛會，此乃某戲劇節的一個開幕儀式，名曰「戲曲優秀劇目演唱會」。其中包括京劇、崑曲、越劇、淮劇、滬劇等。有清唱有彩唱，而演唱者均是各劇種之名伶。

本以為可以一飽耳福，誰知一段《空城計》聽下來，幾乎未聞琴弦聲。偌大的西洋樂隊，早把「場面」（京劇樂隊）的聲音淹沒其中了。

戲曲演唱講究抑揚頓挫，歌者與琴師配合嚴絲密縫，快慢徐疾要求彼此要有「心氣兒」，相互啟發方能教人「聽出耳油」。大樂隊成員依譜直奏，加上奇奇怪怪的配

器與西洋和聲組合，真是唱者吃力，聽者難堪。

這還不止，一位風度翩翩的越劇小生穿了戲服化了妝，準備來一段拿手的抒情唱腔，殊不知被陌生的爵士鼓、電子琴弄得險些板眼全丟。

戲曲裏鼓師可以算得上是樂隊的指揮了，西洋大樂隊裏固然亦有一個指揮，「場面」與大樂隊合奏就變了同時有兩個指揮。這種「集體領導」，若然二人意見不一，或心氣不通，則可能引致世界大亂。

浪漫優雅的《遊園驚夢》片段中，就曾出現此種兩組樂隊齊奏卻彼此相差一小節的情況⋯⋯

這些聽來無稽可笑的事情，在一片「戲改」熱潮中，可真有人拿來當正事辦。真不明白為什麼總要把一些優秀及有代表性的東西除去，代之以一些標奇立異的意念。

若認為以此可以爭取年青人，則何不嘗試在《天鵝湖》中加把京胡月琴，看看是否能引來一些北京的老觀眾？！

這段文字現在讀來，有點年少氣盛，但也多少反映出當時的實際情況。

舞美

「戲改」的另一特徵，是大力渲染的舞台美術，以至於成了設計者創作思維的展覽。

我在某年的香港藝術節中看過一個大製作，整個舞台，予人第一印象是刻意勾勒出來的深度，一個偌大的「台中台」。

也就是說，整台佈景便是一個猶如有三面觀眾的中式舞台。哪三面觀眾？我們算一面；台上兩旁（左右迴廊）放滿了明式椅子，是給另外兩面「觀眾」坐的 —— 他們就是候場的演員，以及擺放道具的舞台工作人員（檢場）。因此，「觀眾席」也是「候場區」，未輪及上場的演員與檢場，一個個就坐在那兒等候，同時也是「看客」。

「環抱」整個舞台的，是三面繪有名畫的巨幅紗幕，進一步界定了一個框架式空間。

在舞台中央的「表演區」，還有一個活動的「小戲台」，即一個方形的平台，上面築有兩個極高的框框。整個「物體」，在演出過程中由四名大漢來回推移，以作表演區域劃分、或「鎖定」觀眾注意力之用。

設計者意圖，是將「古戲台空間」與「博物館式的觀賞行為」相結合。為什麼是「博物館」式？其一，是認為「崑曲已是博物館藝術」；其二，是博物館式的觀看，意味着在看「真品」，並在「相當程度上提示原初的存在狀態」。

現在，我先以觀眾的角度說說看戲的感覺。

首先，在如此極度突顯的三維空間裏，演員從舞台的主宰，變成了活動的小人。

演員與觀眾的距離，也因為那着意營造的高度與深度，大大地拉遠了。

雖然佈景都是經過仔細構思，而且甚富古典中國味道：明代家具、傳世名畫……

但與整個崑曲表演卻顯得如此的格格不入。就如同穿了一身大褂，卻去打上一條領帶。即便這條領帶，是蘇州的繡娘

繡上最精緻的中國山水，你也會感到礙眼與多餘，因為那是一條配搭着大褂的領帶。

這裏，其實帶出了為什麼鋪天蓋地的舞台裝置總是與京崑藝術相左的問題。

傳統京崑劇沒有具象的時空，因為表演永遠處在氣韻與動律當中，這是戲曲表演藝術之魂。虛擬簡約的舞台，正好提供了讓你遨遊的「虛空」。

寫實的 3D 佈景一旦出現，你就被迫進入了一個固定的時間和空間。

京崑的唱、唸、做、打、舞，本來邀請你去遨遊天地，但周圍的「虛空」變成了「實在」，那就好比你本想高飛，卻不斷的被人拽住、被人不斷提醒要「腳踏實地」！心裏能不難受嗎？

宗白華先生曾說：「中國戲曲和中國畫有很多相同的地方……它的特點就是氣韻生動。站在最高位，一切服從動，可以說，沒有動就沒有中國戲，沒有動就沒有中國畫。」

因此，**在傳統藝術中，任何阻礙、中斷、固化這種「動」的，都是一種敗筆，都會讓你不舒服。**而不恰當的佈景使用，恰恰就是起到這個作用。

「博物館式的觀賞行為」，顧名思義，是把原來無邊無際的天地先置於框架之中，隨之而起的是一種二元關係，一種觀者與被觀的對立關係。「主客二分」的「環境」配以「天人合一」的表演手段，其結果是：舞美意圖體現得越成功，戲曲魅力就被削弱甚至消除得越徹底。

如果「博物館式的觀賞行為」意味着看「真品」，那更是大大的謬誤。

戲曲表演藝術，是一個意象世界**當下的形成**，這個「過程」才是「真品」，這也是「動」的真正意義所在。

這便是你於大自然中感受春風撲面、*潺潺流水*，與看一幅美麗明信片之別。

再引用宗先生的話：「西畫、中畫觀照宇宙的立場與出發點根本不同。」「有人欲融中、西畫法於一張畫面的，結果無不失敗，因為沒有注意這宇宙立場的不同。」

舞台表演藝術亦然。

大部分「戲改」，犯的正是這種錯誤。

我再以演員的角度談談一些舞台處理。

這個製作裏有好幾點，是為了完善導演或舞美創作思維，而讓演員成為「犧牲品」的。

在戲曲演出當中，地毯是不可或缺之物，以至於「紅氍毹」成了戲曲舞台的別稱。

為了生出一種河上「倒影」效果，這齣戲取消了地毯，取而代之的是黑色鏡面地板。從「創意」上說，若故事發生在秦淮河畔時倒也罷了（當然已經離開了「環境帶在演員身上」的本質），唯一旦場景改變，這種「倒影」可是不會自動消失的，這時觀眾心中又會產生一種疑惑和難受。而更要命的，是這種「創意」使得演員的安全沒了保障。穿厚底的哥們兒不要說翻身或其他摔打動作，就是跑圓場也會有心理負擔。而且確實有演員翻身之後差點摔倒，須得用手按地。

至於那個需要四名大漢來回推移的活動「戲台」，笨拙無當且不言之，在實際演出中，也着實把主演給絆倒了。

戲曲表演是否能達到精彩，演員與樂隊的配合是關鍵的一環。鼓師與武戲演員、琴師／笛師與演唱者，相互之間必須共同呼吸，同步合拍。要做到這點，首要條件，是樂師必須**看得見**演員。

沒有比這個更明白簡單的道理了。

這齣戲裏的樂隊，被隱藏在舞台最深處，躲在巨幅畫像後面。可以說，這一「創意」，基本上斬斷了演員與樂師的緊密紐帶，更遑論合作無間了。

然而，最嚴重的，也是對年青演員產生最大傷害的，莫過於那個「觀眾席」與「候場區」。

舞台

舞台是一個神聖的地方，也是一個神奇的地方。

曾經有一位剛做過心臟手術不久的藝術家，在登台前心跳還在 90 多到 100 下（有醫療團隊在旁檢測以策安全），但當他踩着鑼鼓點邁步上場，心跳隨即恢復到正常的 60 到 70 下。

我自己就曾經試過（每個演員都會試過），勒頭勒得太緊又不能「鬆綁」，不止頭痛欲裂還會頭暈作嘔，唯一的辦法就是趕緊上台。只有在那兒，可以使一切痛苦消失。

為什麼會這樣？因為每個演員對舞台都充滿了虔誠與敬畏。

舞台有神明，舞台絕不容褻瀆，所以才能有「戲比天大」這句話。

從側幕準備上場那一刻，演員就鼓足了精氣神，那是從學戲第一天老師就是那樣教、學生就是那樣學那樣練的。

踏上舞台絕不是一件隨便的事情，所以戲曲「出場」是那樣的重要，那樣的講究，需要千錘百煉。

藝術家上台，帶有無比的氣場、無窮的光彩。因為一旦上了場，那種專注、那種對表演的「自我醒覺」，就如同進入了一種禪修狀態……

但是，這齣戲的演員，「被迫」捨棄了這種虔誠與專注，在台上呈現出一種絕不該有的鬆懈。

雖然身穿戲服，身為主要演員，但作為「看客」的他們，早早被擱在台上，那他（她）們到底應該如何自處？

是端坐着，提起精神「坐有坐相」，還是應當休閒放鬆，因為實際上他（她）們只在起一個「佈景板」的作用。

事實上沒有一種行為是妥當的，既不能提起精氣神，因為不是你表演的時候；也不能達到真正的放鬆，因為你到底在場上。你不能如在後台般，靜心凝神為一會兒的演出作準備；你甚至不能喝一口水、咳嗽一下嗓子……

你只是在眾目睽睽下，無謂地浪費和消耗自己的精力，充當着整個舞台美術的一個元素！

你會讓《天鵝湖》的主演全部穿好服裝，坐在場上邊看別人跳舞邊等「上場」嗎？

不會。因為這代表着傲慢與無知，也代表着肆意戳破一個美麗的神話（劇目本身的神話、舞台表演的神話）。

我剛才説對年青演員是有害的，因為對舞台的崇敬、虔誠；上場時的表演狀態，是需要教育、薰陶和長期培養的。十幾歲的演員，可以在台上進入「非表演」狀態，就好比讓孩子踏進寺院或教堂，卻允許他輕慢放肆、無禮無狀一般。

若以為這是戲曲演員與角色可以隨時切換的所謂「間離效果」，則更是一種極大的誤導。

「間離效果」

西方戲劇之所以有「間離效果」這個概念，是因為他們在模仿生活真實。有學派（Brecht）為避免表演者與觀眾過份投入以至失去理性分析，故以戲劇手段製造一種「間離」感（演員與角色、觀眾與角色／演員之間）。這也是相對於另一個學派（Stanislavsky），主張演員須全然投入人物角色。西方戲劇有所謂「第四堵牆」之説，即觀眾與戲台之間有一堵虛構的牆，觀眾看得透，演員看不透。斯氏（Stanislavsky）體系要這堵牆：演員不需理會觀眾的存在，只管完全活在所演人物中。而布氏（Brecht）體系則認為需要拆掉這堵牆。這些學派的形成必與其當時的歷史與戲劇表演有關，我們且不深入探討。但這些都不能套用到戲曲中來（盡管布萊希特在親睹梅蘭芳演出後驚歎不已，並在文章中明確表示其體系受到中國戲劇的啟發和影響）。

戲曲並沒有嘗試模仿生活（如寫實戲劇），我們就是公開地、明擺着地告訴你我們在演戲。這裏無所謂間離不間離（即使在另一種戲劇觀點看來這是一種間離效果），也根本沒有什麼「第四堵牆」，連概念都不可能成立，就更不必談拆掉與否了。

我們的化妝、服裝，一舉手一投足，我們的舞台節奏，無一不是程式。

我們的「情」，全都托在程式之上。

所以我們可以有「碰頭好」（觀眾給名演員第一次出場的喝彩），觀眾可以為戲裏的主人翁落淚，也可以為英雄的「死」而鼓掌（因為演員「死」的技藝高超）。

戲曲就是這樣。

這種「效果」可不是刻意營造的，這本身就是戲曲。

如果因此認為戲曲演員可以遊走於本人與角色之間，進進出出，並把這種「誤解」作為元素般提取出來耍弄，那是對戲曲和演員的糟蹋與蹂躪。

心聲

這些年，我看到許多因出於對自身價值的懷疑，或根本不知道價值之所在，而不斷向「外」求的「改革」（包括向「外人」與「心外」求），導致不少「作品」，結果成了對戲曲美學知之甚微甚或刻意顛覆的個人試驗品。

戲曲從看演員變成看製作；從玩味細膩的唱唸做打舞，變成如同看一齣歌唱話劇；從馳騁神遊於藝術家創造的氣韻之中，變成被不恰當的舞美釘死在固定時空之內；從一切以演員表演為中心，變成任何部門都可以來喧賓奪主……

不是說跨界別不能合作，但掌舵之人必須對不同的藝術形式（特別是東、西方美學的特點）有深刻的了解與尊重。否則，不如各守其宗。

中國戲曲有着非常完整的一套體系與審美標準，若論改

革，其實前輩藝術家天天都在完善微調，因為他們才是最懂行、最挑剔、最擅挑戰自我者。只是這些真正的改革與創新，進行得無聲無息，謹而慎之，在堅守傳統美學原則下一步一步往前挪。成功者，將為菊壇留下永恆的楷模。

時代在變更，社會在變型，如果中國在過去幾十年間，因為一些無可避免的歷史因由，使得年青一代對傳統文化陌生了、疏離了；又或人們一下子對外邊的世界產生濃厚興趣，導致戲曲暫歷低迷，失去當初霸主地位，實也是一種正常的因果反映，不足為奇，也不足為懼。古典音樂不會因為受眾或比不上流行音樂，而急於去改變自己的本貌以迎合「時代」。當然，也有把巴哈音樂變成爵士樂的，但出發點完全不同，起碼無人會自詡這是對古典音樂的改革，或是為古老藝術注入了新生命。

出現偏離常道，正好讓我們反思傳統美學真正精華之所在。

一種文學或藝術形式的興旺，必有賴於當時的環境與氛圍，這是一種歷史的印記。即使今天的社會土壤不容許我們再產生貝多芬、李白、顏真卿和梅蘭芳，我們仍應該慶幸的，是這些先賢為我們留下了巨大的藝術寶庫。這些遺產，就如幹細胞一樣，是可以孕育出新生命的。

故我們今天最應當做的，是保育好這些作品（在戲曲而言，則是眾多的經典折子戲及其規範的演繹），因為透過其中，我們可以領略到一種審美意趣，窺探出一種創作思路、方法與境界。只有真正弄懂了這些，我們才有可能健康、自然、不離本質地往前走。

附錄：劇照篇

崑曲《蝴蝶夢‧說親回話》

鄧宛霞 飾 田氏

攝影：孫覺非

京劇《大英傑烈》

鄧宛霞 飾 陳秀英

京劇《大英傑烈》

鄧宛霞 飾 陳秀英

北京晚報

BEIJING WANBAO

（代号1—14）
国内统一刊号：CN11—0106

1990年12月25日　星期二
农历庚午年　十一月初九　第6814号

天气预报
今天夜间　晴　　明天白天　晴
风　向　北　　　风　向　北
风　力　四五级转二三级　风　力　二三级间四级
最低气温　零下8℃　　最高气温　1℃

1990年12月25日

四座惊诧邓宛霞

——看京剧《大英杰烈》

　　《大英杰烈》这出戏不好演，它集花旦、花衫、武小生于一体，合唱、念、做、打于一身，唱旦角的没两下子，谁也不敢轻举妄动。而香港京昆剧团团长邓宛霞，却以这出戏在人民剧场引起轰动，她的精采表演令人折服，让人陶醉。

　　邓宛霞扮相俊美，嗓音甜润、清脆，更可贵的是她身上、脸上，还有那双会说话的眼睛里处处有戏。不管是向恶少石文手提铁壶的怒目以对，还是偶见公子匡忠一见倾心的爱慕之情，及至与匡忠比拳受挫的自我掩饰，都表现得相当细腻，把少女陈秀英那天真、活泼、爱憎分明的性格，刻画得淋漓尽致。

　　说到唱腔也相当出色。诸如前边拉弓的"流水十三咳"，后边行路的

"西皮娃娃调"，唱得悦耳动听。前者俏丽流畅，抒发了少女的喜悦之情，后者女扮男装反串小生情绪激昂、雄壮，伴隐着悲愤凄怆，揭示了主人公的不幸遭遇，感人至深，句句唱里，掌声四起。此外，邓宛霞在繁重的大开打之后，仍能唱舞自如，可见功力之深。

　　身披大靠，脚踏厚底靴，拿刀舞枪，起霸开打，对旦角来说均非易事，邓宛霞在后半出戏里，却以极为精湛的技艺获得了阵阵掌声。她反串小生威武英俊、光彩夺目。"起霸"并不拘泥旧有套路，以迎战时喽兵引导疾步出场！一套动作经过高度提炼，显得严谨、集中，"翻身"、抖旗、稳、冲、帅、脆。

大靠开打更是令人惊讶，几个刀、枪下场干净利落，舞起大刀花，快而不乱。耍枪抛接，稳准轻松，每个亮点脆美有力，彩声不断。最难得的是她的靠旗打出手，显露了高难度的技巧，如用靠旗左右磕枪及用左靠旗接枪绕旗杆儿一周传至右靠旗，再绕旗杆儿一周抛落后由脚侧踢出去等，如此绝活，已对原来的靠旗出手，有了新的创新和发展。邓宛霞在《大英杰烈》这出戏里，还有一最大特点，即她始终未把展示高超技艺作为最终目的，而是以此为手段，去为塑造人物服务。•刘连仑•

▲　1990年北京晚報劇評

1990年12月23日

　　香港邓宛霞京昆剧团和山东京剧院一团，近日在人民剧场同台演出了传统剧目《大英杰烈》。邓宛霞是一名能戏颇多、戏路甚广的京昆演员，被誉为香港京昆艺坛上的一颗明珠。

　　　　本报记者　瞿伟摄

▲　梅花獎

崑曲《牡丹亭》

鄧宛霞 飾 杜麗娘

▲〈尋夢〉

▲ 〈寫真〉於舞台上即席揮毫

▲ 〈幽媾〉

附錄：劇照篇

京崑合演《白蛇傳》

鄧宛霞 飾 白素貞
蔡正仁 飾 許仙

▲〈遊湖〉(崑)

▲ 〈斷橋〉（京）

▲ 演出後與俞振飛老師合照

▲ 〈水鬥〉

附錄：劇照篇

崑曲《琵琶記·描容別墳》　　崑曲《長生殿·驚變埋玉》

鄧宛霞 飾 趙五娘　　　　　　蔡正仁 飾 唐明皇
陸永昌 飾 張大公　　　　　　鄧宛霞 飾 楊貴妃

京劇《平貴別窰》

李玉聲 飾 薛平貴
鄧宛霞 飾 王寶釧

攝影：孫覺非

攝影：王馳

京劇《烏龍院》

鄧宛霞 飾 閻惜姣
耿天元 飾 宋江

▲ 2007 年京崑劇場代表香港及京劇劇種參加第三屆「巴黎中國戲曲節」，以《烏龍院》一劇奪得「評審團特別大獎」及「最佳男演員獎」。

法國文化部戲劇總監、第三屆巴黎中國戲曲節評審團主席 Jean-pierre Wurtz 頒獎辭：

正如其名稱所顯示，這是評審團予以「特別」意義的一個獎項。這個獎項表彰一場卓越的演出，這場演出使我們為之傾倒、為之心動。

獲得評審團特別大獎的是：由京崑劇場演出的京劇《烏龍院》。

全體評審團成員，無一不為這齣戲而神往着迷，這是一次展示了正宗京劇風采的演出。《烏龍院》是一齣歌唱文戲，故事講述一段悲劇性愛情；這也是一齣京劇代表作，並且是以對傳統風格極度尊重的手法去演繹。根據專家們說，外國觀眾極少有機會看到這類如此「純正」的表演。這次戲曲節的觀眾飽了眼福，評審團亦為此決定授予此獎。

感謝京崑劇場，給予我們這種罕有的藝術享受。

京劇《慈禧與德齡》

鄧宛霞 飾 德齡

▲ 2014 年應國家京劇院特邀參演

京劇《翠屏山》

裴艷玲 飾 石秀
鄧宛霞 飾 潘巧雲
耿天元 飾 楊雄

崑曲《武松與潘金蓮》

侯少奎 飾 武松
鄧宛霞 飾 潘金蓮

C14
2004年1月9日 星期五

成報
SINGPAO DAILY NEWS

逢周一、三、五刊出

戲夢人生　　　　文圖／何寶平

潘金蓮的真實處境

第一次看鄧宛霞演崑曲，飾演潘金蓮。潘金蓮是最引子出話題，受爭的愛情，演的愛情，看的愛情。這次南北崑曲名藝匯演有三場，我想是稀場場，不太會看賢貞良伴的的「大青衣」，因為潘金蓮不是那樣「夫婦義」的遺憾人物。

南北崑曲名家匯演，曾被歸類做一次，三地合演，香港，北京，上海，東半精英各地人才滙集演出，不如是香港的風水好，所有載來玩兒演出，演出的「精武神兒」都足一堂，觀看起來就逾像得多。

不貶不褒 還潘金蓮人性

《武松與潘金》可讚頌的地方很多，唱念做打，主配均佳，六十多歲的侯少奎先生不遜武功利落，不減章年，且有金王之翠，實是武生中少有的絞筋者，王小瑞飾的王婆，一出場嬉嬉叫、情得入畫。最有看頭的是兩處，不淨戲戲場都少不了潘金蓮，侯少奎先生的《殺嫂》《醒妓》都與潘金蓮。戲以武松為王、潘金蓮只是個「大觀賞」，這次現今今版不整理，加上導演趣味深淺潘金蓮成為人物。

《醒嫂》的「戲叔」一場、潘金蓮憑此娇媚潘酒，搔弄挑逗不成，最後武松果來驚武松，羞在屬繪武大婆，是以清白。這次先戲得有意思，潘金蓮請挑武松不成，武松把斥她：「嫂不早，如無妨火，如果有甚麼風吹草動，我倒謝罪嫂嫂，幸謝可不認得！」言下之意、如果你怎想別的男人，我會跟不了你！一句話惹惱了潘金蓮。「自從嫁武大，一聲嬸嬸不看在門口話？我潘金蓮真是看上你武松，我可不及暴潛男人看手。」這個沉動、給兼金蓮接來與西門慶的局向，下海殺死武大的心理脈絡找到了依據，所以看到完，我都不覺得可惜，待她唱出「打虎的拳兒雖經弱」，反生一絲同情、向來寫潘金蓮，無外乎兩組角度，「污拍」（視為淫者）、「印拍」（視為反抗者）。魏明倫先生的川劇《潘金蓮》寫了她的尊敬的可敬，我則更偏向從人性和女性的角度，所以改是戲戲劇戲劇像的「站一個」潘金蓮，不知是否因為劇本的限制，其真還可以再加值。

融入玩世步履 恰到好處

鄧宛霞的扮相非常討喜，服裝飾飾配組合祖合概，她和導演歌開心為潘金蓮設計了一個動作，令人田雄一，一次是潘金蓮拉起武松，一次是勾西門慶，她輕是看肩相和顧、一步三顛，神色迷離，活不是忝意的內情，是現代女性的玩世不恭，鄧做得恰到是處，使潘金蓮的嫵媚、輕快、玩弄、擺脫而出。

前不久、曾和鄧宛霞去西安參加中國崑劇節，一路同行，早日的綿濤清大方，看戲無嘩，完全不像國男裏，令人敬佩的是，一到到了台上，判若兩人、西都怕在台下，生怕人家不知道是演戲的演員，上了台就活脫一個梅子。

香港一向重西輕中，好像西方古典音樂才是大藝。京劇藝術就是中國的古典曲變，香港應該重視它，善用人才，培養觀眾，讓更多的年輕人了解自己的國家的文化，發揚這一古老藝種。

潘金蓮的真實處境

何冀平

第一次看鄧宛霞演崑曲，飾演潘金蓮。潘金蓮是個千古話題，寫的愛寫，演的愛演，看的愛看，這次南北崑曲名家匯演有三場，我還是揀這場，不大愛看賢妻良母的「大青衣」，因為潘金蓮不是那種「夫修道，妻捧茶」的道德人物。

南北崑曲名家匯演，曾經舉辦過一次，三地合做，香港、北京、上海，集中精英各地人才匯集香港，不知是否香港的風水好，所有戲來這兒演出，演員的「精氣神兒」都足一些，戲看起來就過癮得多。

不貶不褒　還潘金蓮人性

《武松與潘金蓮》可讚的地方很多，唱唸做打，主配均佳，六十多歲的侯少奎先生不僅武功利落，不減當年，且有金玉之聲，實是武生中少有的姣姣者；王小瑞飾的王婆，一出場就吸引，傳神入畫。最有感覺的是兩處。水滸戲裏都少不了潘金蓮，侯少奎先生的《殺嫂》《顯魂》都有潘金蓮，戲以武松為主，潘金蓮只是個「大龍套」。這次集古今版本整理，加上鄧宛霞的精湛表演，潘金蓮成為人物。

慣常的「戲叔」一場，潘金蓮邀武松喝酒，借機挑逗不成，就趁武大回來大罵武松，意在罵給武大聽，以示清白。這次改動得有意思，潘金蓮情挑武松不成，武松怒斥她：「籬不牢，招外犬，如果有甚麼風吹草動，我眼睛認得嫂嫂，拳頭可不認得！」言下之意，如果你要招惹別的男人，我可饒不了你！一句話惹惱了潘金蓮，「自從嫁武大，一隻螻蟻都不曾在門前踏」，我潘金蓮真是看上你武松，我可不是甚麼男人都愛！

這個改動，給潘金蓮後來與西門慶的苟合，下毒殺死武大的心理脈絡找到了依據，所以看到完，我都不覺得她可恨，待她唱出「打虎的拳兒難經架」，反生一絲同情。向來寫潘金蓮，無外乎兩個角度，「俯拍」（視為淫婦），「仰拍」（視為反抗者），魏明倫先生的川劇《潘金蓮》寫了她的自尊和剛烈。我則更偏向從人性和女性的角度，所以我喜歡鄧宛霞詮解的「這一個」潘金蓮。不知是否因為劇本的限制，其實還可以再加強。

融入玩世步履　恰到好處

鄧宛霞的扮相非常好看，服裝頭飾配搭合襯，她和導演耿天元為潘金蓮設計了一個動作，令人叫絕。一次是潘金蓮挑逗武松，一次是勾引西門慶，她輕晃着肩膀和頭，一步三晃，神色迷離，這不是京崑的身段，是現代女性的玩世不恭，鄧做得恰到是處，使潘金蓮的調皮、輕佻、玩弄，躍然而出。

前不久，曾和鄧宛霞去西安參加中國戲劇節，一路同行，平日的她落落大方，質樸無華，完全不像個演員，令人欽佩的是，一旦到了台上，判若兩人。而那些在台下，生怕人家不知道是演員的演員，上了台就活脫一個傻子。

香港一向重西輕中，好像西方古典音樂才是大婆。京崑藝術就是中國的古典音樂，香港應該重視它，善用人才，培養觀眾，讓更多的年輕人了解自己國家的文化，發展這一古老劇種。

崑曲《千里送京娘》

侯少奎 飾 趙匡胤
鄧宛霞 飾 趙京娘

崑曲《玉簪記》

岳美緹 飾 潘必正
鄧宛霞 飾 陳妙常

京劇《尤三姐》

鄧宛霞 飾 尤三姐
王玉瑾 飾 賈珍

京劇《金玉奴》

鄧宛霞 飾 金玉奴
耿天元 飾 莫稽

崑曲《販馬記・寫狀》

蔡正仁 飾 趙寵
鄧宛霞 飾 李桂枝

崑曲《百花贈劍》

鄧宛霞 飾 百花公主
蔡正仁 飾 海俊

京劇《鳳還巢》

鄧宛霞 飾 程雪娥
孫正陽 飾 程雪雁

崑曲《擋馬》

鄧宛霞 飾 楊八姐

京劇《四郎探母》

鄧宛霞 飾 鐵鏡公主

京劇《狀元媒》

鄧宛霞 飾 柴郡主

京劇《穆桂英掛帥》

鄧宛霞 飾 穆桂英

京劇《霸王別姬》

袁世海 飾 項羽
鄧宛霞 飾 虞姬

新編京劇《寶蓮燈》

鄧宛霞 飾 三聖母（前）、王桂英（中）、沉香（後）
陳志清 飾 劉彥昌
葉金援 飾 二郎神

▶ 前總理朱鎔基在北京觀劇
　　後上台祝賀

新編京劇《大鐘樓》
——改編自雨果《巴黎聖母院》

鄧宛霞 飾 艾思梅
周龍 飾 阿丑

新編京劇《神鵰俠侶》
——改編自金庸同名小説

鄧宛霞 飾 小龍女

附錄：部分製作及演出

中國戲曲節

▲ 中國戲曲節 2019 之
「咫尺菊蘭」

▲ 中國戲曲節 2017 之
「玉宇霞光雋永」

▲ 中國戲曲節 2015

▲ 中國戲曲節 2014

▲ 中國戲曲節 2011 之
「傲雪寒梅」

▲ 中國戲曲節 2010 之
「玲瓏宛轉若天成」

▲ 中國戲曲節 2012 之
　「俞門風采」

▲ 第十屆中國國際青年藝術周閉幕式——
《香港京崑藝術家鄧宛霞專場演出》
（2017·北京）

▲ 京崑合演《白蛇傳》及
京劇折子戲
（2006·澳門）

▲ 崑曲回家：大師傳承版《牡丹亭》
（2017·崑山）

▲ 第十屆中國上海國際藝術節
——京崑之夜
（2008·上海）

◀ 第三屆中國崑劇藝術節
《武松與潘金蓮》
（2006·蘇州）

▲ 「菊蘭清芬撲鼻香」系列演出
　（2009）

▲ 中國戲曲節 97
　（1997）

▲ 新編京劇《神鵰俠侶》
　　（2001）

▲ 新編京劇《大鐘樓》
　　（1999）

▲ 京劇音樂會——
　　從「內廷供奉」到「現代戲」
　　（1997）

▲ 香港鄧宛霞京崑劇團
　　北京京劇院二團　聯合演出
　　新編京劇《寶蓮燈》
　　（1993）

附錄：部分製作及演出

心・路

鄧宛霞 藝術人生文集

鄧宛霞

————

著

責任編輯　葉秋弦

裝幀設計　簡雋盈

排　　版　陳美連

印　　務　林佳年

出版

中華書局（香港）有限公司

香港北角英皇道 499 號北角工業大廈 1 樓 B

電話：（852）2137 2338

傳真：（852）2713 8202

電子郵件：info@chunghwabook.com.hk

網址：http://www.chunghwabook.com.hk

發行

香港聯合書刊物流有限公司

香港新界荃灣德士古道 220 - 248 號

荃灣工業中心 16 樓

電話：（852）2150 2100

傳真：（852）2407 3062

電子郵件：info@suplogistics.com.hk

印刷

寶華數碼印刷有限公司

香港柴灣吉勝街 45 號勝景工業大廈 4 樓 A 室

版次

2023 年 4 月初版

©2023 中華書局（香港）有限公司

規格

16 開（230mm x 170mm）

ISBN

978-988-8809-76-9